SHODENSHA
SHINSHO

知らないとヤバい　老後のお金戦略50

荻原博子

祥伝社新書

はじめに

人生は、「戦略」の積み重ねです

コロナ禍で、仕事がどうなるのかわからない。自分たちの年代では、年金も、どれくらいもらえるのかわからない。気がつくと、子供が大きくなってお金がかかり、自分の小遣いは減るいっぽう。テレビをつけると、ウクライナでは戦争が起きている。

「貯蓄ゼロ」のご家庭は、40代で35・5%、50代で41%(金融広報中央委員会調べ・2021年)と衝撃的な数字になっています。この世代は、給料カットやリストラの対象となり、かなり「ヤバい!」のに、解決策も見出せないまま厳しい状況に直面し、悩んでいる人も多いようです。

国は「投資」を勧めますが、世の中が、かつてないほどに大混乱している中では、「投資」で「豊かな老後」を手にすることなど難しい。

だからこそ、今の世の中を生き抜くために、知っておかなくてはならないことがあります。

現実をしっかり知って、疲れ切った自分の気持ちを立て直し、押し寄せてくる不安に対して、「戦略的」に対処することが大切なのです。

不安に駆られてばかりでは、先に進めません。この先のことを見据えて、今の「ヤバい！」状況を、「戦略的」に乗り越えてこそ、「豊かな老後」が待っています。

この先、まだまだ予想もしないことが起きてきます。

そうなっても、家計が揺らがないように、本書が、人生を「戦略的」に生きるための「羅針盤」となることを心より願います。

2022年3月1日

経済ジャーナリスト　荻原博子

目次

第1章 「年金」をおトクにもらう

第2章 「老後資金」は、これで大丈夫！

第3章　「投資」を疑いなさい

第4章 老後不安「3つの壁」の正体

第**5**章

老後資金の「稼ぎ方」

イラスト　髙柳浩太郎
ＤＴＰ　アルファヴィル・デザイン

第1章

「年金」をおトクにもらう

MONEY STRATEGY 戦略1

年金は、「破綻しない」を前提に

多くの人の「老後生活の大前提」は、「公的年金」でしょう。

そこで気がかりなのは、公的年金が「破綻《はたん》しないか」ということ。公的年金が破綻すると、すべての老後計画が、根本から崩れてしまうからです。

なぜ「破綻」という話が出てくるのかといえば、年金財政が悪化しているから。

日本では、公的年金に10年以上加入している人は、必ず年金をもらえると政府が約束しています。こうして、すでに加入者のみなさんに支払いを約束しているお金（年金受給権が発生しているもの）は、現在1000兆円を超えています。

年金では、そのための積み立てもしていますが、その将来の支払いのために積み立てているお金は、なんと約200兆円しかないのです。

約1000兆円から約200兆円を引くと、約800兆円。こんなに支払うお金が不足していては、誰もがこのままでは「公的年金は、破綻する」と思うのは当然でしょう。

ただ、**結論から言えば、日本の国が「財政破綻」しない限り、公的年金も破綻しません。**その理由を、お話ししましょう。

■年金が破綻しないと言えるワケ

今の日本の年金は、「年金を払います」という約束をしている額は、既に積み立てをしている額に比べて極端に少ない状況にあります。これは、過去の大盤振る舞いやずさんな管理、予想ミスなどで、超高齢化社会に対応できるだけの充分な積み立てをしてこなかったためです。

ただ、なぜこんな状況でも公的年金が破綻しないのかといえば、10年加入して受給権（年金をもらう権利）が発生したからといって、公的年金は、今すぐにみんなに支払わなくてはならないものではないからです。

公的年金がもらえるのは、65歳から（早くもらいたい人は、目減りしますが60歳からでももらえます）。

10年加入して年金の受給権があったとしても、65歳までもらうのを待たなくてはいけないので、国はそのぶんをツケとして先送りできるということです。

■国には、年金を破綻させない裏ワザがある

年金が破綻しないもっとも大きな要因は、**政府が年金の破綻に耐えられない**ことにあります。

仮に、公的年金が破綻したら、すでに政府が「年金をお支払いします」と約束している人たちは、政府を相手に「約束を守れ」という訴訟を起こし、そこで政府はお金を支払わなくてはならなくなります。全員を対象にお金を支払うとなったら、前述のように約800兆円をまとめて支払わなくてはならなくなるので、それだけで日本は財政破綻してしまいます。

そうならないために、国はいくつもの手を打つことができます。

たとえば、日本の年金の基礎年金部分の半分は、政府が税金からお金を出していま す。基礎年金は満額で月約6万円ほどですが、その半分の約3万円は、みなさんが支払った年金保険料ではなく税金なのです。ですから、**破綻しそうになったら、この税金の額を3万円でなく全額の6万円にしてしまえば、破綻しません。**

また、「保険料を上げる」「支給開始年齢を上げる」「支払う年金をカット」するなど、さまざまな方法があるので、年金は破綻しないのです。

問題は、年金財政の健全化のために、すでに「保険料を上げる」「支給開始年齢を上げる」「支払う年金をカット」という方法が取られていることです。

みなさんが支払っている年金保険料は、2004年の年金改革で引き上げが決まり、今も毎年少しずつ上がっています。また、支給開始年齢も、55歳→60歳→65歳と引き上げられていて、すでに70歳支給開始も視野に入っています。

そして、もっとも知りたい給付額については、次ページで詳しく説明します。

戦略2

「年金額」の算出システムを知る

日本の年金は、もともとは「物価や賃金が上がれば、それに応じて年金額も上がる」という、物価スライド、賃金スライドを採用していました。けれど、年金行政の見込み違いや無駄遣いなどで年金財政が逼迫《ひっぱく》し、物価や賃金が上がったぶんだけ年金を増やしていくと、将来、年金原資が枯渇《こかつ》してしまうという恐れが出てきました。

そこで小泉純一郎《こいずみじゅんいちろう》内閣（当時）は、2004年の年金改革で、**物価や賃金が上がっても、年金がそこまで上がらない仕組みを導入しました。これが、「マクロ経済スライド」です。**

マクロ経済スライドの仕組みを説明するとかなり複雑なので、ここではイメージでお話しします。マクロ経済スライドが導入される前は、10万円だったものが次の年に11万円に値上がりするという物価上昇が起きたら、これに応じて10万円の年金が次の年には11万円に増えていました。これが、「物価スライド」です。

ところが、そうやって年金をどんどん支給していくと、将来、年金をもらう人たちの年金原資が枯渇してしまうという状況が出てきて、慌《あわ》てた政府は、どうすれば支給額をカットできるのかと考えました。

そこで登場したのが、10万円のものが次の年には11万円になっても、年金の額を1万円増やすのではなく、調整して5000円だけ増やす（イメージ）という方法です。

つまり、**物価や賃金の上昇ぶんよりも年金が上がる率のほうが低くなるので、実質的には年金をカットできる**というのが「マクロ経済スライド」です。

■どんなに物価が上昇しても、賃金が下がれば年金も下がる

国は、この「マクロ経済スライド」で徐々に年金を実質的に目減りさせていって、年金財政を立て直すつもりでした。

ところが、予想外だったのは、デフレが長引いて物価が上がらなかったために、マクロ経済スライド自体が発動されないという状況が続いたことです。マクロ経済スライドは、2004年以来、3度しか発動されていません。消費税が引き上げられた2015年と物価が上昇した2019年、2020年です。

そのため、実質的な年金カットが進まず、2021年に、さらに新しいルールに沿って年金を支給し始めました。それは、賃金と物価の両方から年金の支給額を決めるのではなく、**物価がどんなに上がっていても、賃金が下がっていたら、年金も賃金に合わせて支給額を下げるというものです。**

そのため、2021年度の年金額は、物価が下がっていないのに、賃金が0.1%下がったので、賃金の値下がりに合わせて年金も0.1%下がりました。

■2022年の年金給付額はさらに下落?

困るのは、2022年の「年金給付額」です。

２０２１年から、原油高や世界的な気候変動などの影響で、原油価格や食料品の価格が高騰し始めました。しかも、日本は多くのモノを輸入しているので、円安傾向になったために、高い輸入価格がさらに高くなり、多くの人が物価高を実感せざるを得なくなりました。さらに２０２２年にはウクライナ危機で一段と高くなりそう。

以前は、物価が上がれば、物価の上昇ぶんほどではないにしても、年金も上がることになっていました。少なくとも、これだけ物価が上がっているのに、年金給付額が下がるということはなかったのです。

ところが、前述した新しく始まったルールに従うと、どんなに物価が上昇していても、賃金が下がれば年金給付額も下がることになります。実際、コロナ禍で財政状況が悪化する企業が増え、賃金が下がりました。

その影響で、**2022年度の年金給付額は、なんと0・4％も下がりました。**

こうして、年金は破綻しませんが、もらえる年金は、実質的には目減りしていくことが避けられなくなっています。

戦略3

MONEY STRATEGY

50代の年金額を考える

50歳になると日本年金機構から届く「ねんきん定期便」に、年金見込額が記載されます。

ですから、50歳になった方は、自分がおおよそどれくらいの年金をもらうことができるかということは、「ねんきん定期便」で予測することができます。

ただ、この「ねんきん定期便」の支給額通りに支給されるのかといえば、状況によって変わります。

なぜなら、前項で書いたように、「マクロ経済スライド」で、物価や賃金が大きく上がれば「年金額」も上がりますが、物価や賃金の上昇に比べると上昇幅が抑えられるからです。また、物価がどんなに上がっても、賃金が下がっていれば、下がった賃金にスライドして年金の給付額も下げられます。

経済は、常に動いているので、物価も賃金も長期的に予想することは不可能です。

ただ、一つ言えることは、**確かに現在年金をもらっている方たちよりもらう額は下がりますが、40代に比べたら、50代の下がり方はまだ少ないということです。**

■２０４０年に15%、２０６０年には30%の目減り!?

年金では、その時々の経済の実情を反映するように、５年に１度「財政検証」が行なわれています。これは、年金が、今どうなっているのか、この先どうなりそうなのかという見通しを現状から推測し、結果を公表するものです。

直近では、２０１９年に行なわれましたが、このデータを見ると、**２０４０年には、今「年金」をもらっている人に比べて15%前後目減りし、２０６０年には30%ほど目減りしているのではないか**と予想されています。

ただ、２０６０年といえば、今50歳の方は90歳近くになっているので、今のようにバリバリお肉も食べなくなっているでしょうし、洋服に気を使ったり、車を乗り回したりというようなアクティブな生活もしなくなっている可能性がありますから、年金が３割減っても、生活にはそれほど影響がないのではないでしょうか。

■「年金70歳支給」になっても、大きな影響はない⁉

50代が年金をもらう頃には、年金の受給開始年齢の引き上げがあるかもしれません。ですから、「もし、70歳受給開始になっていたらどうしよう」と不安になる方もおられるでしょう。

ただ、これもそれほど心配する必要はなさそうです。

確かに、政府は、年金をなんとか70歳支給にするために、70歳まで働ける環境を着々と整えています。企業が70歳まで社員を雇うようにしたり（今のところは努力義務です）、年金を75歳からかなり割り増しでもらえるようにもしています。

ですから、**いずれは70歳から受給ということになるのでしょうが、今50代の方は、**

受給開始が65歳に引き上げられるまでの措置

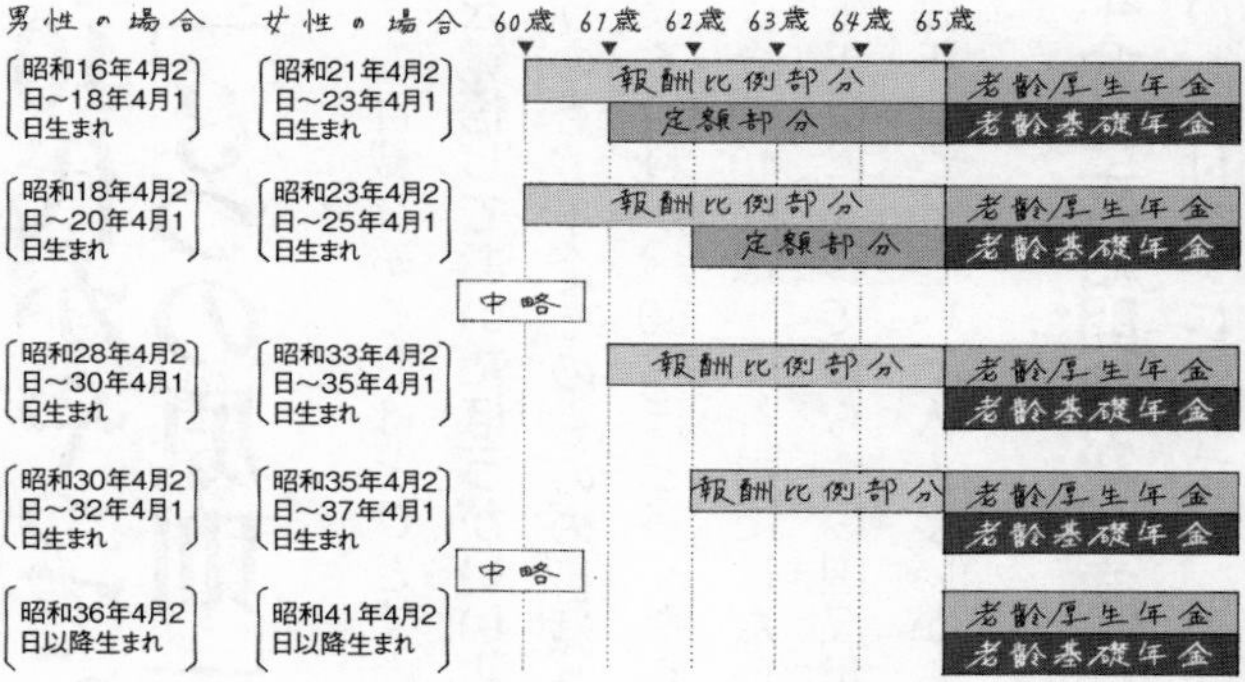

※日本年金機構ホームページより作成

70歳支給になっても、それほど大きな影響は受けないと思います。

なぜなら、いきなり「明日から70歳支給」というのではなく、老齢基礎年金の支給年齢を徐々に引き上げ、そのあとに老齢厚生年金の支給年齢を徐々に引き上げていくことが予想されるからです。上の図は、60歳から65歳への引き上げ状況ですが、約20年かかっています。

そういう意味では、今の50代は、年金は目減りしますが、それほど大きな影響は受けないと思います。

戦略4 MONEY STRATEGY

40代がやっておくべき「3つの原則」

「年金」の目減りがそれほどひどくなさそうな50代に比べて、**40代は、本気で年金の目減りを覚悟しておいたほうがいいようです。**

というのも、年金そのものの目減り率が50代よりも高いのに加えて、「年金額」の基準となる給料が、50代ほど多くならないことが予想されるからです。

また、今の40代は、正社員ではないフリーランスの比率も50代よりも高い。そうなると厚生年金に入っておらず、国民年金に加入している人も多いので、もらえるのは老齢基礎年金だけという人も多いからです。

■年金の支給開始が70歳になる覚悟を持つ

年金の「給付額」については、21ページで書いたように、5年に1度の「財政検証」

で示されます。

年金は、現役世代の所得の50％を保つことになっていて、50％を下回りそうだったら、保険料を引き上げるなどの対策を検討することになっています。

ですから、働いている人の月収が手取り35万円だったら、年金は17万５０００円になります。

ただし、これはモデルケースであって、**誰もが必ず働いている世代の給料の50％以上をもらえるというわけではありません。**経済状況や収入、働き方、家族構成などによってばらつきがあって、40％台という人も出てきます。

また、40歳の方たちが年金をもらうようになると、年金支給年齢そのものが70歳となっているでしょうから、約30年後のこと。その時、どうなっているのかは誰もわからないというのが本当のところでしょう。

そもそも、年金額が現役世代の所得の50％を保つというのは、60歳で引退して65歳から年金をもらい始める人をモデルに計算されています。けれど、今40歳の方が年金をもらう頃には、年金そのものが70歳支給になっている可能性がかなり高いです。そうなると、70歳まで年金はもらえない（目減りしてもよければ60歳からもらえるかも）ことになるぶん「年金財政」も改善されているので、**もらう額については、今の50歳とあまり変わらないのではないかという計算も成り立ちます。**

■危険な老後を避けるための3原則

日本年金機構の「年金ネット」に登録すれば、40歳でもウェブで年金額の見込みを試算することはできます。ただ、年金をもらうのが30年後ということになると、その時の状況などは誰もわかりません。

ですから、もらえる年金はざっくり今の収入の4割ほどと見込み、あとは、次の3つを徹底しておきましょう。

① 70歳まで働く

② 夫婦で働く

③住宅ローンなどを返しておく

70歳まで働けば、年金をもらうまでの空白がなくなります。 ちなみに、1989年の男性の平均寿命は75・91歳でしたが、2019年は81・41歳（厚生労働省「簡易生命表」）。30年間で平均寿命は約6年延びていますから、40歳が70歳になった頃には、今の65歳くらいの感覚なのかもしれません。

大切なのは、**それまでに夫婦で働いて、貯蓄を少しでも増やしておくこと。** また、157ページで詳しく書きましたが、パートの妻でも厚生年金に入っているかもしれないので、世帯で見たら年金額そのものも多少増えている可能性があります。

最後に、徹底させておかなくてはいけないのが、**年金をもらう前に、住宅ローンなどの借金は、すべて清算しておくこと。** 借金があっての年金生活は、危険です。

以上、3つのことをやっておけば、もらう年金額が多少減っても、慌てることはないでしょう。

戦略5

もしもの時、頼りになる「遺族年金」

年金といえば、老後にもらうものと思っている方はいませんか？

じつは、老後に年金をもらうだけでなく、年金加入者が他界したら残された家族に「遺族年金」が支払われたり、障害を負ったら「障害年金」も支給されます。

そこでまず、「遺族年金」とはどんなものかから見てみましょう。

■大黒柱が亡くなっても遺族年金で暮らせる

遺族年金は、年金加入者が他界したら、残された家族に支給される年金です。

奥さんの収入が８５０万円未満なら対象となり、幼い子供を残して亡くなったら子供が18歳になるまで支給されます。

仮に奥さんと幼い２人の子供を残してご主人が他界したら、自営業者なら月約10万円、サラリーマンなら、収入や勤めていた年数などによっても違いますが、月15万円前後の遺族年金が支給されます。

支給額は子供の数によっても違います。

以前は妻が死亡しても遺族年金は出ませんでしたが、2014年4月からは、**妻が亡くなって、夫や子供たち（18歳未満）が残された時にも、遺族年金が出るようになりました。**

たとえば、2歳と3歳の子供を残して妻が他界した場合、年金支給要件を満たしていれば妻が専業主婦であっても月10万円程度の遺族年金が出ます。ですから、そのお金でヘルパーやベビーシッターを雇えば、なんとか夫が会社勤めをしながら2人の子供を養っていくことは可能でしょう。

ちなみに、大黒柱の夫が亡くなった場合には、本人が住宅ローンを借りているケースが多く、銀行などから借りたローンは団体信用生命保険で相殺されるので、残された家族は、住宅ローンがなくなった家に住み、自営業者なら月10万円前後、サラリーマンなら月に15万円前後の遺族年金が支給されるので、妻がパートに出れば、子供たちをなんとか育てていくことができるでしょう。

亡くなった方が年金生活者でも、残された妻は遺族年金を受け取ることができます。

たとえば、専業主婦で年金額が5万円の妻と、会社員だったので15万円（老齢基礎年金5万円＋老齢厚生年金10万円）の年金をもらっていた夫婦で、夫が死亡したとします。この場合には、妻は夫の老齢厚生年金の4分の3にあたる7万5０００円と、自分の年金5万円の合計12万5０００円を、自分が死ぬまで受け取れます。

日本では、「遺族年金」があるので、大黒柱が亡くなっても、残された家族はそれなりに生活していけます。ですから、あまり多額な生命保険は必要ないのですが、ただ、**高校・大学の費用などは予想以上に高く、遺族年金では用意できないので、こうしたものは生命保険などであらかじめ用意しておくといいでしょう。**

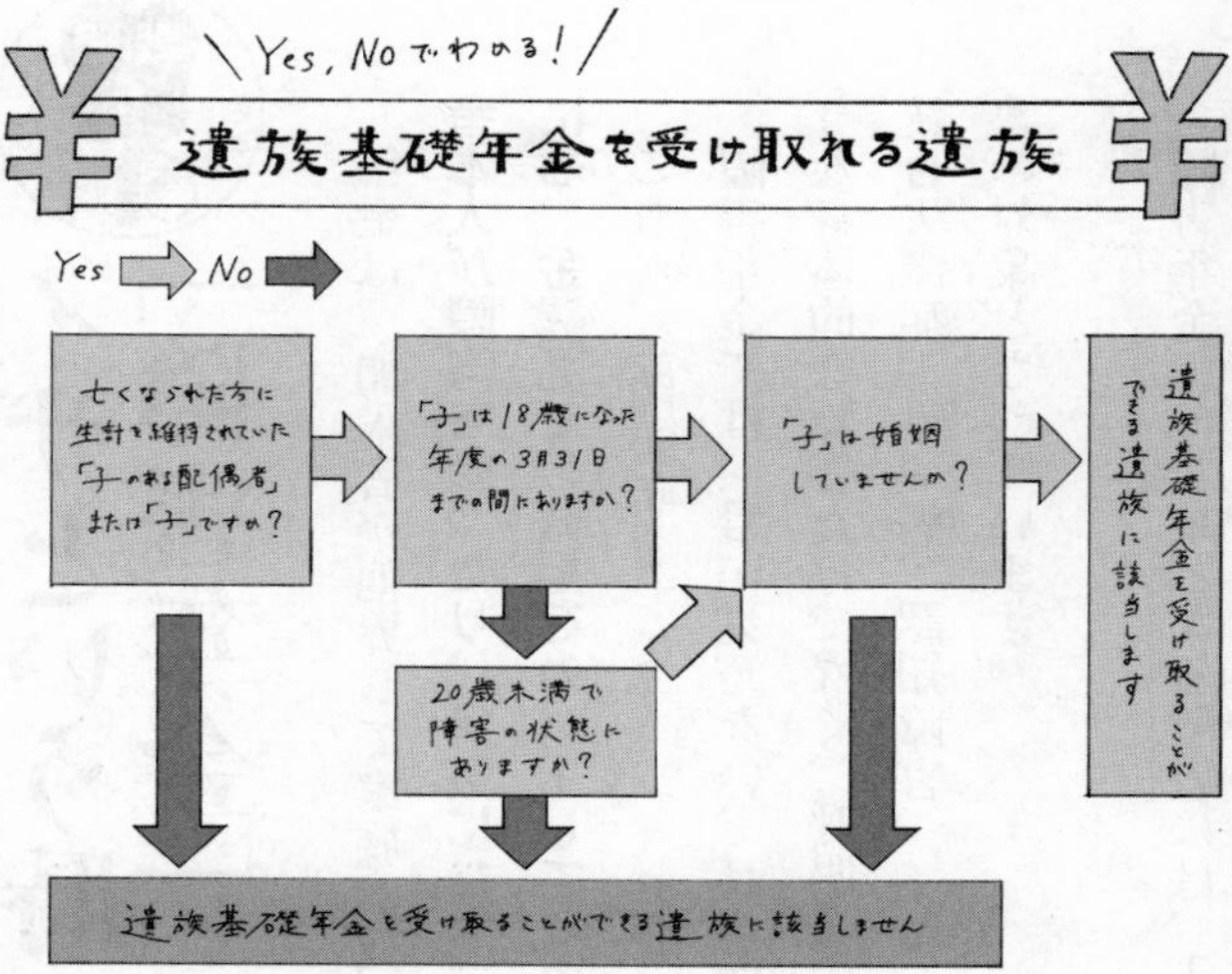
Yes, Noでわかる!
遺族基礎年金を受け取れる遺族
Yes
No
亡くなられた方に生計を維持されていた「子のある配偶者」または「子」ですか？
「子」は18歳になった年度の3月31日までの間にありますか？
「子」は婚姻していませんか？
遺族基礎年金を受け取ることができる遺族に該当します
20歳未満で障害の状態にありますか？
遺族基礎年金を受け取ることができる遺族に該当しません

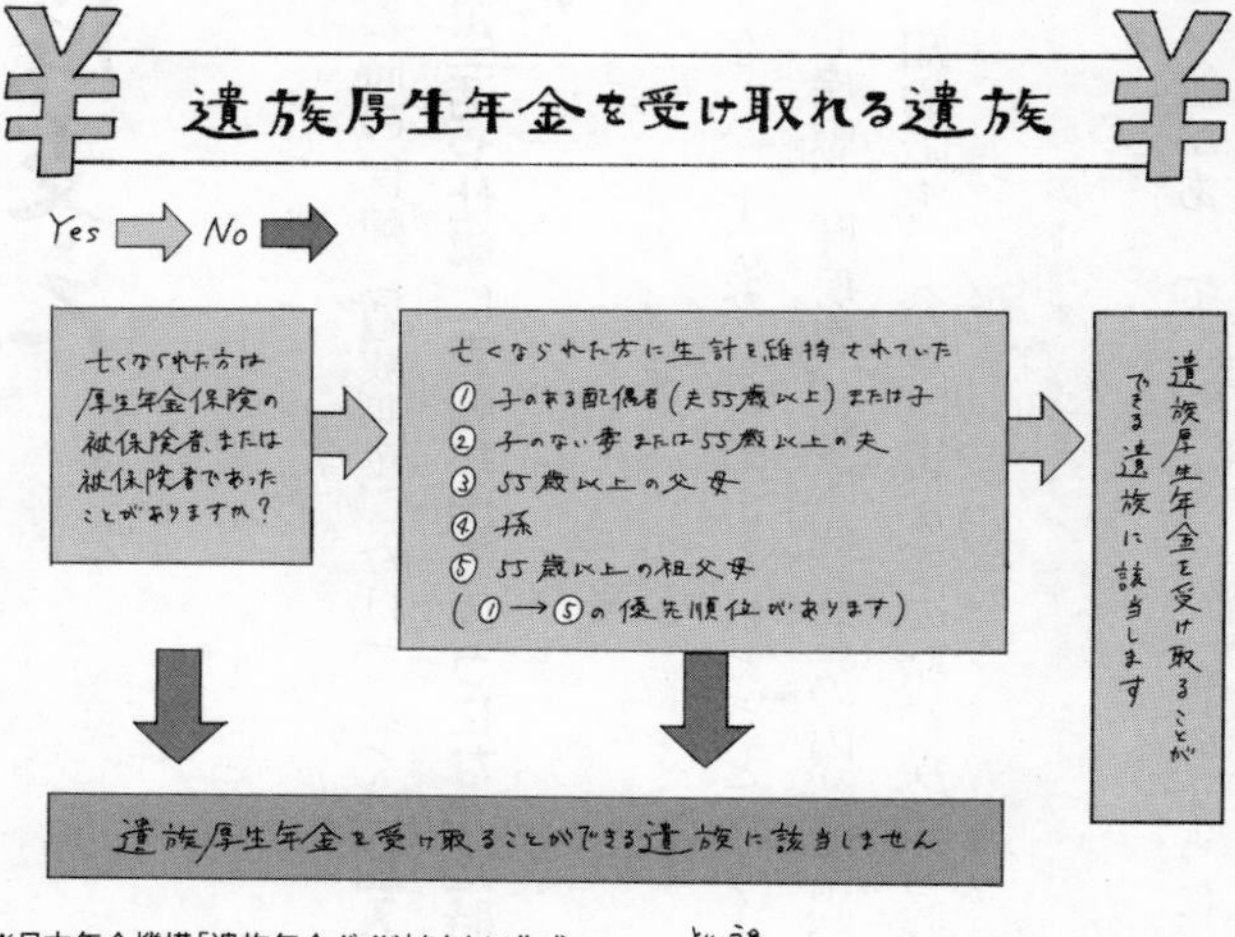
遺族厚生年金を受け取れる遺族
Yes
No
亡くなられた方は厚生年金保険の被保険者、または被保険者であったことがありますか？
亡くなられた方に生計を維持されていた
① 子のある配偶者（夫55歳以上）または子
② 子のない妻または55歳以上の夫
③ 55歳以上の父母
④ 孫
⑤ 55歳以上の祖父母
（①→⑤の優先順位があります）
遺族厚生年金を受け取ることができる遺族に該当します
遺族厚生年金を受け取ることができる遺族に該当しません

※日本年金機構「遺族年金ガイド」をもとに作成

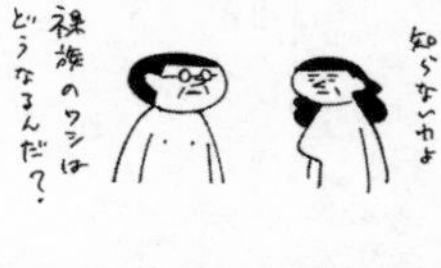
親族のワシはどうなるんだ？
知らないわよ

戦略6

イザという時の底支え「障害年金」

年金は、加入者が他界して家族が残された時の保障（遺族年金）だけでなく、**加入者本人が障害を負ったり、病気になって日常生活や仕事に支障が出るようになった時にも、金銭面での負担をカバーしてくれます。**

これが、「障害年金」です。

障害年金では、目が見えない、耳が聞こえない、手足などに障害を負ったというような身体的な障害だけでなく、呼吸器疾患《しっかん》、心疾患、肝疾患、糖尿病などの内部疾患、統合失調症、うつ病、認知障害、てんかん、知的障害、発達障害などの精神疾患も障害の対象となっています。

「障害年金」の対象となる障害には、1級と2級があって、35ページの一覧のように、

1級は日常生活で他人の介助が必要な状況、2級は自宅での簡単な作業ができて必ずしも他人の介助は必要ではないけれど、働くのが困難な状況。さらに、厚生年金に加入しているサラリーマンなどには、日常生活に大きな支障はないけれど、労働に厳しい制限がある場合に受ける3級があります。

■「障害年金」は、該当する障害がある限り受け取れる

もらえる「障害年金」の額は、基礎年金が、子供のいない場合**1級が年間97万6125円、2級が年間78万900円**。子供がいれば、子供の人数によって加算があります。

子供の加算は、子供が2人までは、1人年額22万4700円、3人目からは1人年額7万4900円となっています。子供がいつまで加算されるかといえば、18歳になったあとの最初の3月31日までです（額は2021年4月ぶんから）。

サラリーマンの場合には、子供の加算だけで生計を維持されている65歳未満の配偶者がいる場合の加算もあります。

また、サラリーマンのみがもらえる3級については、最低額が年間58万5700円となっています。さらに、傷害手当金を受給していたら、最低保障額117万1400円として報酬比例額の年額の2倍が、一時金としてもらえます。

詳しくは、最寄りの年金事務所にお尋ねください。

民間の医療保険も、病気や怪我で入院すると「手術代○○円、1日○○円」といったかたちでお金が支給されますが、支給されるとしても60日とか120日というように一定期間です。精神的な病気のように長期の入院を必要とするものは民間の保険では補いきれないかもしれません。

けれど、「障害年金」の場合、障害があると認定されている限りはずっともらい続けられます。また、民間の医療保険のように、入院しないと出ない（一部通院も）というものではありません。うつ病で出歩けなくなって家で治療するといったケースでも、障害と認定されれば年金が出ますから、イザという時の生活の底支えになります。

障害厚生年金に該当する状態

障害の程度１級

他人の介助を受けなければ日常生活のほとんどのことができないほどの障害の状態。身のまわりのことはかろうじてできるものの、それ以上の活動はできない方（または行なうことを制限されている方）、入院や在宅介護を必要とし、活動の範囲がベッドの周辺に限られるような方が相当。

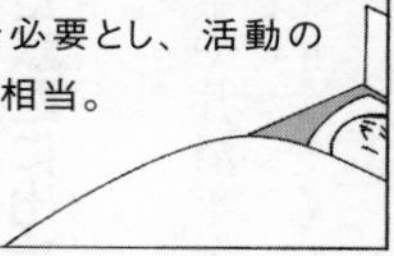

障害の程度２級

必ずしも他人の助けを借りる必要はなくても、日常生活は極めて困難で、労働によって収入を得ることができないほどの障害。例えば、家庭内で軽食を作るなどの軽い活動はできても、それ以上重い活動はできない方（または行なうことを制限されている方）、入院や在宅で、活動の範囲が病院内・家屋内に限られるような方が相当。

障害の程度３級

労働が著しい制限を受ける、または、労働に著しい制限を加えることを必要とするような状態。日常生活にはほとんど支障はないが、労働については制限がある方が相当。

※日本年金機構ホームページをもとに作成

戦略7 MONEY STRATEGY

年下妻がいたら、「加給年金」を忘れずに

日本では、夫が妻よりも年上というケースが多いです。しかし、年上の夫が65歳で会社を退職して年金生活に入ると、それまでのような収入は得られないだけに、夫の年金だけで暮らしていくとなると、家計は途端に苦しくなってしまいます。

そうならないために、夫が会社を退職して年金生活に入っても、妻が65歳になって自分の年金がもらえるようになるまでは、**「加給年金」という家族手当のような年金が、収入の少なくなった家庭に出ます。**

条件は、厚生年金や共済年金に20年以上加入して保険料を払い続けていること。そして、65歳になって年金をもらい始めた時に、夫よりも年下で扶養されている妻がいることです。

また、妻だけでなく18歳未満の子供がいる場合や20歳未満で1級または2級の障害を持った子供がいる場合も、それぞれの年収が850万円未満なら加給年金は支給されます。

ただし、妻が20年以上、厚生年金や共済年金に加入していると、加給年金は出ません。

■加給年金と振替加算の仕組み

「加給年金」の金額は、年22万4700円(2021年度)。さらに、妻が生まれた年によって、特別加算がつきます。

特別加算額は生まれた年によって変わりますが、1943年4月2日以降の生まれなら16万5800円になるので、たとえば、60歳(1962年5月生まれ)になる妻がいたら、**加給年金+特別加算=39万5000円**になります(2022年3月時点)。

ただし、妻が65歳になって自分の年金がもらえるようになると、加給年金はもらえなくなります。

また、18歳になったあとの最初の3月31日までの子供も、加給年金の対象となっています。子供の加算は、子供が2人だと、1人年額22万4700円、3人目からは1人年額7万4900円となっています。

妻が年金をもらい始めると加給年金はもらえなくなりますが、その代わり、妻自身の「老齢基礎年金」に、一定額の「振替加算」が付きます。**振替加算は、加給年金よりも少なく、また生年月日に応じて決まっていて、若い人ほど少なくなっています。**また、1966年4月2日以降生まれの方からは、振替加算は付きません。

加給年金については、2022年度の内容が少し改正されているので、自分の家庭のケースがどうなるのかを詳しく知りたい場合には、年金ダイヤルか、最寄りの年金事務所に問い合わせてみてください。

加給年金と振替加算

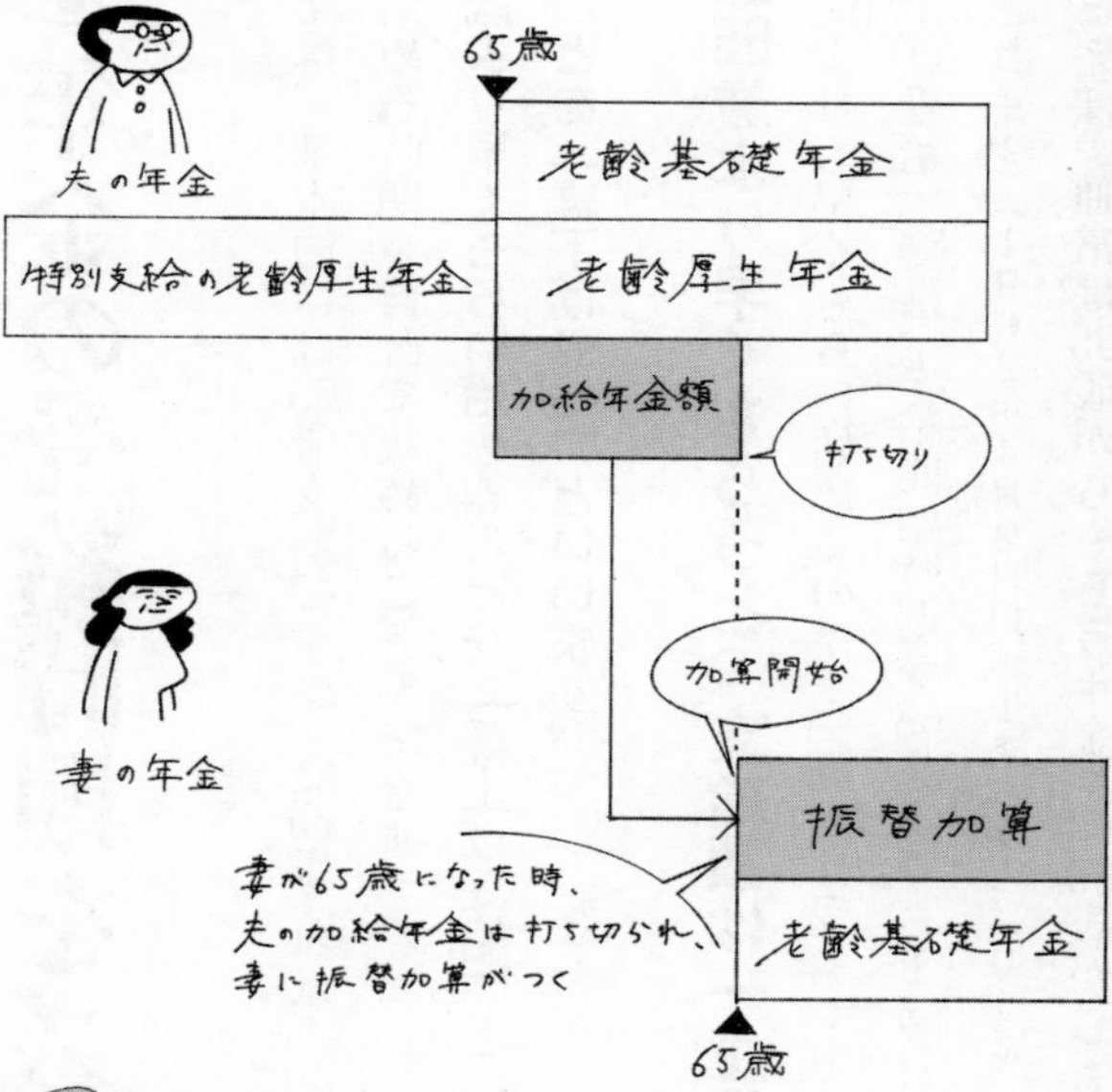

ポイント

- 夫の退職で収入が少なくなった家庭に出るのが「加給年金」
- 「20年以上、厚生年金を払っていること」などの条件がある

※日本年金機構ホームページをもとに作成

戦略 8

年金の受給時期をズラす

年金は、基本的には65歳支給ですが、希望すれば、60歳から75歳のあいだなら、もらい始める時期を自分で決めることができます。

65歳より早くもらい始めることを「繰上げ受給」といい、65歳よりあとにもらい始めることを「繰下げ受給」といいます。

■65歳より早くもらうと、支給額は一生減ったまま

65歳よりも早くもらい始めるのが、「繰上げ受給」です。

「繰上げ受給」では、支給開始時期が65歳よりも1ヵ月早まるごとに年金額が0・5％減額されます（1962年4月2日以後生まれからは0・4％）。

たとえば、通常は65歳からもらう年金を、60歳からもらい始めるとすれば、0・5％

×12ヵ月×5年で65歳からもらい始めるよりも30％支給額が減ります。

つまり、65歳で10万円の年金をもらえるとすれば、この年金を60歳でもらい始めると、「年金額」は月7万円に減るということです。そして、65歳からもらうとずっと月10万円ずつ入ってくる年金が、60歳からもらい始めると一生月7万円ということ。

この場合の損益分岐点は、77歳。76歳までに死ぬと、60歳からもらい始めたほうがよかったことになり、**77歳以上生きれば、65歳からもらっておいたほうがよかったということ**になります。

■65歳よりも遅くもらうと、支給額は一生増えたまま

65歳よりあとにもらい始めることを、「繰下げ受給」と言います。

繰下げ受給では、支給開始時期が1ヵ月遅くなるごとに年金額が0・7％ずつ加算されます。

たとえば、70歳からもらい始めると、0・7％×12ヵ月×5年で42％支給額が増えます。65歳で月10万円もらう人なら、70歳まで支給開始を遅らせると、70歳から月

14万2000円の年金をもらえます。この場合の損益分岐点は、82歳。81歳までに死ぬと、65歳からもらい始めたほうがよかったことになり、**82歳以上生きれば、70歳からもらったほうがよかったこと**になります。

■75歳からもらい始めるなら、平均寿命以上に生きなければ損

2022年4月からは、**この「繰下げ受給」を、75歳まで遅らせることができるようになりました。**

75歳から年金をもらうとすると、0・7%×12ヵ月×10年で84%支給額が増えます。65歳で月10万円もらう人なら、75歳まで支給を遅らせると、75歳から月18万4000円の年金をもらえるということです。

この場合の**損益分岐点は、86歳。**男性の平均寿命が81・64歳ですから、平均的に生きると、もっと早くからもらっておけばよかったということになりそうです。

寿命のことも考えて、もらい始める時期を選びましょう。

年金繰上げ・繰下げ受給の損益分岐点

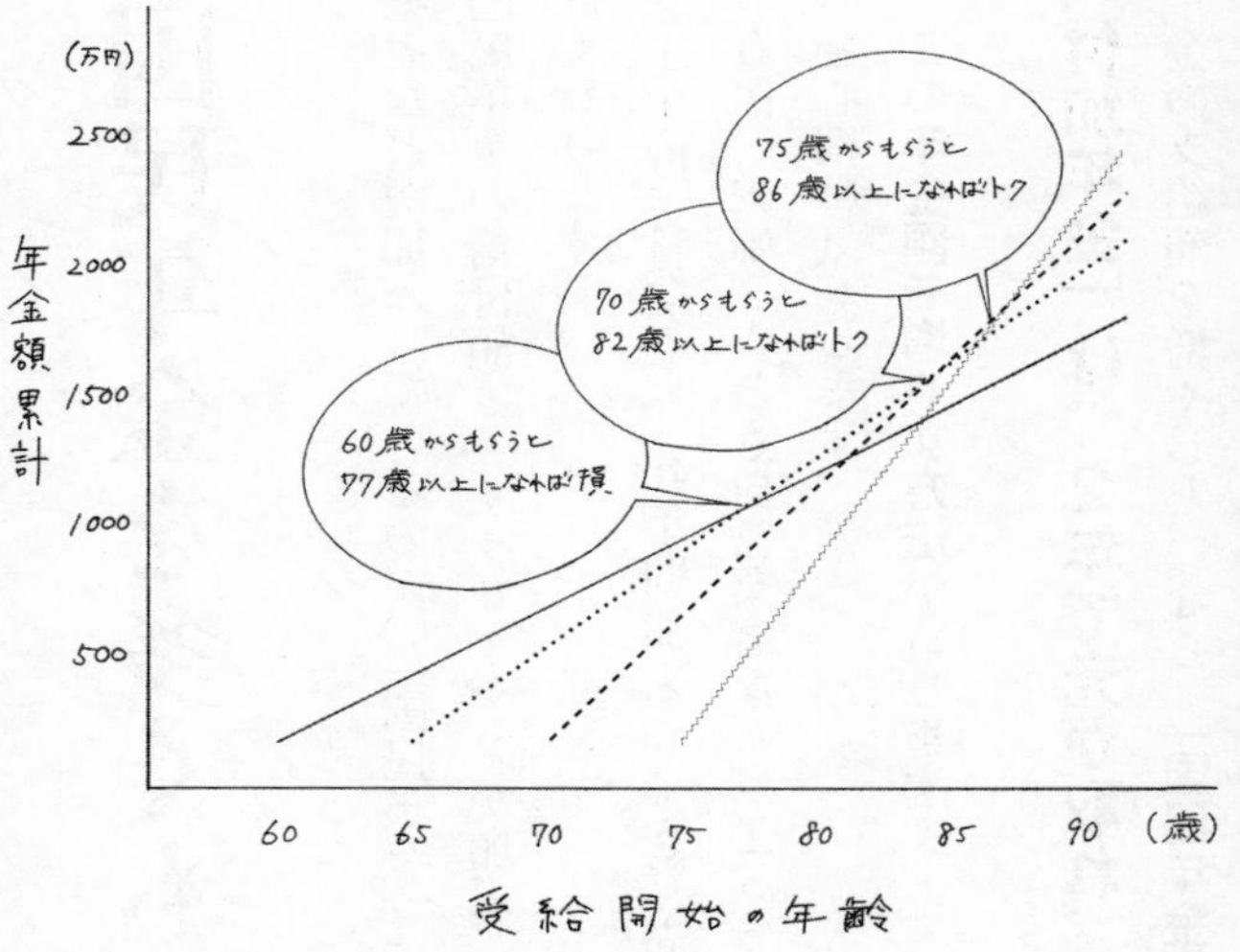

ポイント

- 60歳と65歳の損益分岐点は77歳
- 65歳と70歳の損益分岐点は82歳
- 65歳と75歳の損益分岐点は86歳

ワシが75歳になったら
冷凍保存してくれ
イヤよ

戦略 9

国民年金を多くもらう裏ワザ

自営業者などが加入しているのが、「国民年金」です。

この国民年金の給付額は、サラリーマンが加入している「厚生年金」に比べると、かなり低くなります。

２０２１年度で見ると、40年間加入しても、満額で月６万５０７５円。年額で78万９００円。夫婦２人とも自営業者なら、１５６万１８００円で、老後資金としてはちょっと心細い気がします。

ただ、この**年金額を増やす方法**があります。

■「付加年金」は、２年で元が取れ、あとは一生楽できる

国民年金の支給額を増やしたいなら、「国民年金保険料」に加えて「付加年金」を

支払っておくといいでしょう。

付加年金は、国民年金の保険料に月額400円を上乗せして支払う年金ですが、これを払っておくと、将来もらう老齢基礎年金に200円がプラスされます。

たとえば、10年間、月400円の付加年金を支払ったとします。すると400円×12ヵ月×10年で、累計で4万8000円を支払うことになります。

そうすると、老後にもらう年金が200円×12ヵ月×10年で、1年で2万4000円増えます。

これだけだと、10年間で4万8000円を支払って年2万4000円もらうなんて損だと思うかもしれませんが、**じつはこの付加年金は、死ぬまで毎年もらう年金に上乗せされます。**

2年で支払った4万8000円の元を取り、さらにその後毎年2万4000円ずつ年金に上乗せされます。つまり、年金をもらい始めてから最初の2年で元を取り、さ

らに10年経つと24万円、20年経つと48万円と、長生きすればするほどおトクということになります。

■国民年金のまとめ払いで保険料が割安になる

国民年金を納めている人は、付加年金のほかにも、年金保険料のおトクな納め方があります。

それは、国民年金の「まとめ払い」。

国民年金は、最長2年までまとめて支払うことができます。**2年ぶんまとめて支払うと、毎月支払うのに比べて口座引き落としなら1万5000円程度、保険料が安くなります。**現金及びクレジットカードでの支払いだと、さらに保険料が割安になります。

また、基本的に国民年金は60歳までの加入ですが、年金額をもっと増やしたいと思ったら、60歳から65歳未満までの5年間、国民年金保険料を納める「任意加入制度」があります。本人の申し出が必要ですが、長生きするほどおトクな制度です。

付加年金の仕組み

月々の
国民年金の保険料
＋
400円

払っておくと…

老齢基礎年金
＋
200円

1年間納付した場合！

付加保険料（今までの納付額）400円×12カ月＝4,800円

付加年金（1年間の支給額）200円×12カ月＝2,400円

3年目からプラス！

10年間納付した場合！

付加保険料（今までの納付額）400円×12カ月×10年＝48,000円

付加年金（1年間の支給額）200円×12カ月×10年＝24,000円

ポイント

- 2年間支払えば、その後はプラスになる
- 納付した分、受給額もアップする

そんなうまい話があるかァ？
あんのよ

戦略10 MONEY STRATEGY

保険料が払えなくても、年金がもらえる方法

公的年金をもらおうと思ったら、最低でも10年の加入が必要です。

フリーランスやアルバイトで仕事をしていると、月10万円くらいの収入の方もいるでしょう。収入が10万円ほどですと、1万6610円（2021年度）の保険料を毎月払ったら、生活できないという方もいるでしょう。

だからといって年金の保険料を払わないままでいると、年金に加入していないことになって、老後に「老齢年金」がもらえないだけでなく、今死亡したら、家族への「遺族年金」や、自分が障害者になった時に「障害年金」をもらえなくなります。

■保険料を払っていなくても「加入」扱いになる制度

もし、収入が少なくて保険料が支払えないなら、「国民年金」の「保険料免除・納付猶予《ゆうよ》制度」が使えないか、年金事務所に相談してみましょう。

国民年金の納付免除の届けを出して承認されると、保険料をまったく支払っていなくても年金に加入している扱いになりますから、老後には、免除の届けを出していた期間に応じて老後にもらえるはずの年金の半分がもらえます。

なぜ、保険料をまったく納めていないにもかかわらず、通常支払われる年金額の半分がもらえるのかというと、国民年金で支給される年金額の半分は、保険料で払ったものではなく税金だからです。税金というのは、国民が納めているものですから、この税金分については、申請さえしていれば保険料を払っていなくてももらえます。さらに、**免除の届けを出していれば、遺族年金と障害年金の対象にもなります。**

とくに、うつ病のように治療に長期間かかる病気の場合には、障害年金が使えると助かります。

免除には4段階あって、収入によって、保険料をまったく払わない「全額免除」、保険料を4分の1払う「4分の1納付」、半分払う「半額納付」、4分の3払う「4分の3納付」があります。

どれに該当するかは、収入（所得）によって決まります。

表は、免除される収入（所得）の目安。独身者で月収10万円なら、年金保険料は全額免除されるので、40年間、一銭も保険料を払っていない人でも、払っている人の半分の年金はもらえるし、障害者になったら「障害年金」ももらえます。

独身で月収18万円くらいの人なら、半額免除になります。半額免除というのは、収めるべき国民年金保険料1万6590円の半額を払うというもの。

独身世帯だけでなく、2人世帯、4人世帯など、家族構成によって対象となる収入は変わってきます。また、**免除だけでなく、一定期間支払わなくていい「猶予」という制度もある**ので、こうした制度を使えないか、自治体などに聞いてみましょう。

￥ 免除を受けるための収入（年収）の目安 ￥

（　　）内は所得

世帯構成	全額免除	一部納付		
		4分の1納付	半額納付	4分の3納付
4人世帯（夫婦,子供2人）	257万円（172万円）	354万円（240万円）	420万円（292万円）	486万円（345万円）
2人世帯（夫婦のみ）	157万円（102万円）	229万円（152万円）	304万円（205万円）	376万円（257万円）
単身世帯	122万円（67万円）	158万円（103万円）	227万円（151万円）	296万円（199万円）

・収入の目安は、収入のすべてが給与所得であった場合を仮定して計算。
・一部納付の目安は、社会保険料について一定の金額を納付していると仮定して計算。
・「4人世帯」と「2人世帯」は、夫または妻のどちらかのみに所得がある世帯の場合。
・「4人世帯」の子供は16歳未満の場合。

ポイント

- ４段階の免除制度がある
- 家族構成によって対象の収入が変わる
- 免除だけでなく猶予制度もある

※日本年金機構ホームページをもとに作成

第2章

「老後資金」は、これで大丈夫！

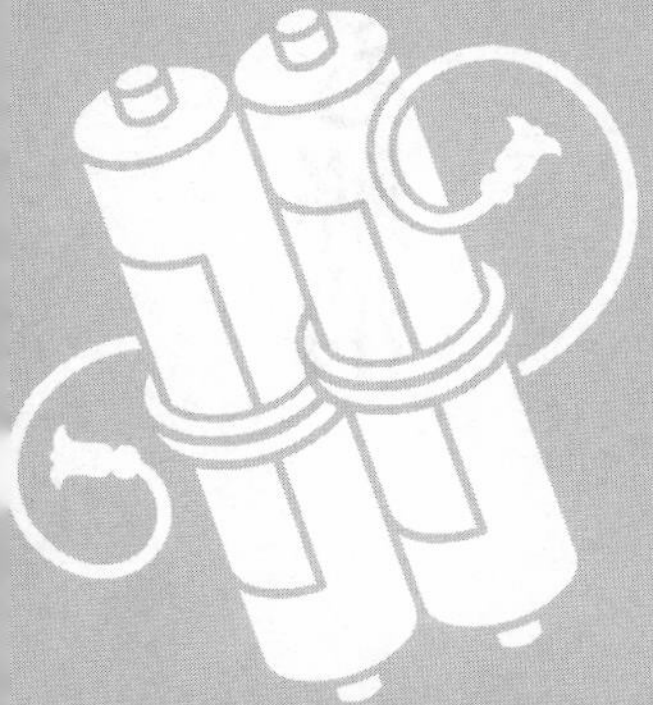

戦略11

節約で「老後2000万円問題」も解消

『老後の資金がありません！』という映画が、累計動員数100万人を超え、話題になりました。

この映画には、私もちょこっと出演させてもらっているので、多くの人に観ていただけたことはうれしいです。

この映画がヒットした背景には、前田哲《まえだてつ》監督の才能と天海祐希《あまみゆうき》さんをはじめとした芸達者な俳優さんの奮闘がありましたが、それだけでなく、老後のお金に対するみなさんの不安が大きかったことがあったのでしょう。

■新型コロナでまさかの黒字化

老後のお金については3年前、金融庁の審議会が「老後資金が2000万円不足する」という報告書を出し、大騒ぎになりました。

この報告書は、総務省統計局の調査をもとにしたもので、高齢者世帯は収入に比べて支出が月に約5万5000円多く、これが30年続くと、生活費だけで約2000万円のお金が不足し、貯蓄を切り崩していかなくてはならないというものでした。

もともと、この報告書は「老後のお金が2000万円も足りなくなるから、今のうちに投資をしなさい」という趣旨のものでしたが、この前段の「2000万円足りなくなる」というインパクトが大きすぎて、大騒ぎになりました。

ところが、新型コロナウイルスの蔓延《まんえん》で、状況が一変しました。

57ページの表は、「老後2000万円不足する」という報告書のもとになった総務省「家計調査」（2017年）のデータと、2020年の「家計調査」でわかった高齢夫婦無職世帯のデータです。なんと、**生活費が不足するどころか、1110円余るという結果になっています。**つまり、「老後2000万円問題」は、解消したということです。

なぜ、こんな結果になったのかといえば、「老後2000万円不足問題」で衝撃を**受けた高齢者が、コロナ禍を機に、お金を使わずに貯め込むようになったからです。**

外出が減り、娯楽費や交際費が大幅に減っただけでなく、2020年は、1人10万円の現金給付があったので、この一部が貯蓄に回ったのではないかと推測されます。

結果、2020年の同じ総務省の「家計調査」では、月約5万5000円だったはずの赤字が消えただけでなく、一転1110円の黒字となりました。


コロナ禍では、多くの人が「自分の身は自分で守らなくては、政府もあてにならない」と感じました。皮肉なことに、菅義偉《すがよしひで》前首相が所信表明演説で強調した「自助」の精神は、国民がコロナに罹《かか》っても入院させられなかった政府の無策さに表れています。そのため、せっせと節約し、貯蓄を増やしました。

「自分の身は、自分で守らなくてはならない」。そんな時代になっていることを、まずしっかりと心に刻みましょう。

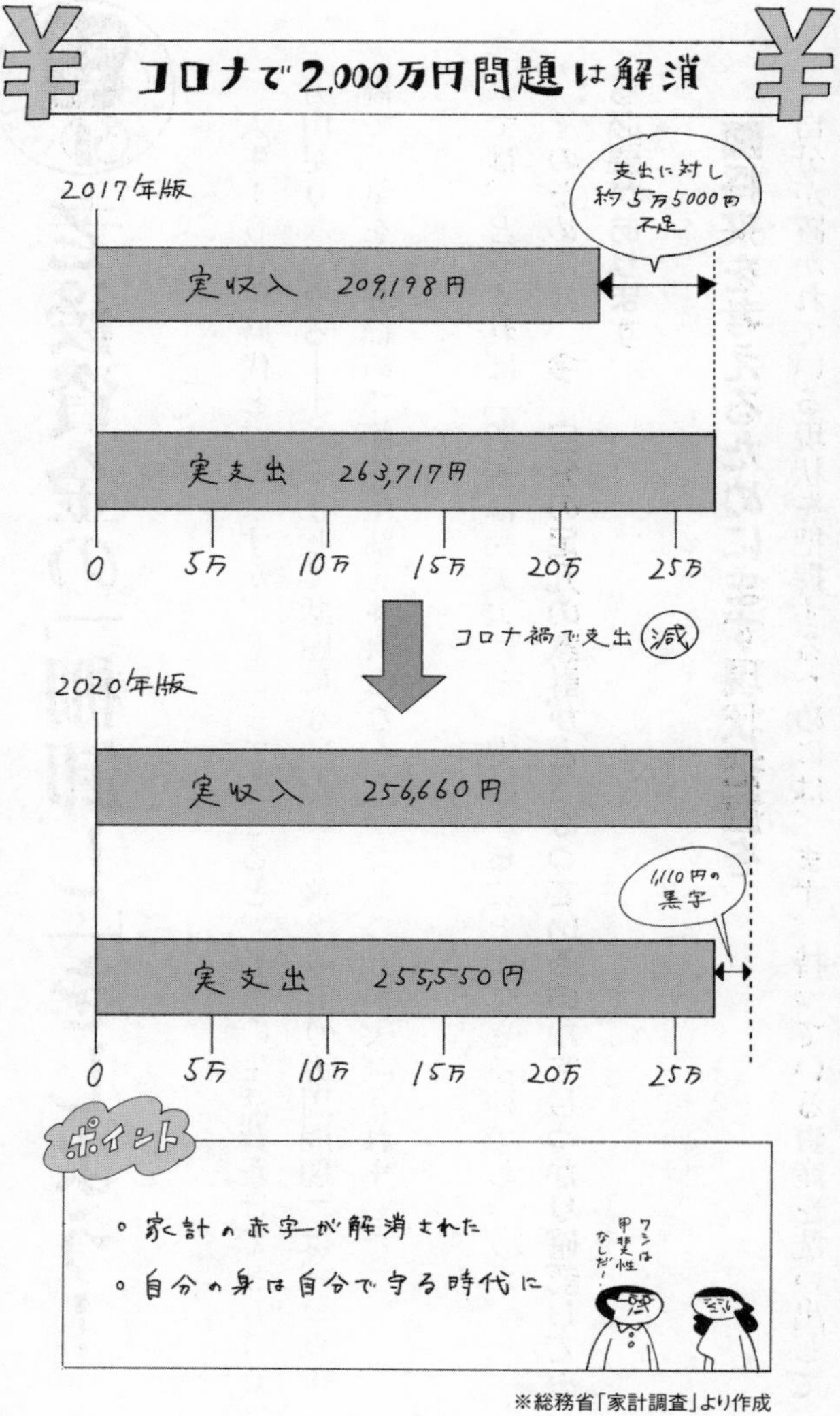
コロナで2,000万円問題は解消
2017年版
支出に対し約5万5000円不足
実収入 209,198円
実支出 263,717円
0
5万
10万
15万
20万
25万
コロナ禍で支出減
2020年版
実収入 256,660円
1,110円の黒字
実支出 255,550円
0
5万
10万
15万
20万
25万
ポイント
○家計の赤字が解消された
○自分の身は自分で守る時代に
ワシは甲斐性なしだ!

※総務省「家計調査」より作成

戦略12 MONEY STRATEGY

老後資金の「棚卸し」をしよう!

人生100年時代と言いますが、そこまで生きると、老後の生活費だけで2000万円足りなくなる——。こうして話題になった「老後2000万円問題」は、コロナ禍で、気を引き締めて節約生活をすればなんとかなることが実証されました。

では、どうすれば「老後は大丈夫」と、安心することができるのでしょうか。

そのためには、**今、自分の足元の家計がどうなっているのかをしっかり確認してみる必要があります。**

■将来を考えるためにまず現状把握を

自分が置かれている現状を把握するためには、まず、持っている資産を洗い出してみることが必要です。商売をしておられる方は、何が、どう売れているのか知らなくては、仕入れができません。そのために、定期的に在庫商品の数や品質をチェックする「棚卸《たなおろ》し」をしますが、個人の資産でも「財産の棚卸し」は大切です。

現状が把握できれば、将来、どうすればいいのかという計画が立てやすいからです。

次ページの表は、「財産の棚卸し」のサンプルです。

貯金はどれくらいあるか、住宅ローンはどれくらい残っているかなど、項目ごとにチェックしてみましょう。借金が多い人は、それを返済しなくてはなりません。投資商品ばかりで現金が少ない人は、ある程度の現金を確保しておかなくてはいけないなど、自分の資産管理に欠けているところが見えてくるはずです。

具体的な数字で、自分の家の状況を書き出してみれば、今の状況と、これから改善していかなくてはならないポイントが見えてくるはずです。

まずは、ここからスタートし、現在の資産状況を把握することで、これからやらなくてはいけないことを考えてみましょう。

資産の棚卸しチェックシート

貯蓄・投資信託・株式など	金融機関	種類	名義人	金額
	○○銀行	普通	金山金造	80万円
	○○銀行	定期	金山金造	300万円
	○○銀行	財形	金山金造	100万円
	△△信用金庫	積立	金山金美	120万円
				円
				円
	貯蓄小計			600万円 Ⓐ

保険	保険会社	保険の種類	被保険者	解約払戻金
	○○生命	終身	金山金造	70万円
	○○生命	医療	金山金造	00万円
	△△生命	医療	金山金美	00万円
	△△生命	がん	金山金美	00万円
				円
	保険小計			70万円 Ⓑ

合計 Ⓐ＋Ⓑ＋Ⓒ＋Ⓓ－Ⓔ

1820万円	＝	今ある資産

不動産	場所	種類	面積	評価額
	神奈川	中古一戸建て	83m²	円
		土地	103m²	2300万 円
				円
				円
				円
	不動産小計			2,300万 円 Ⓒ

車、貴金属類	種類	名義人	数量	時価
	車	金山金造	1台	50万 円
	宝石	金山金美	1個	30万 円
				円
				円
				円
	車、貴金属類小計			80万 円 Ⓓ

負債	借入先	種類	金利	残債
	○○銀行	住宅ローン	1.2%	1200万 円
	○○銀行	カードローン	14%	30万 円
	負債小計			1,230万 円 Ⓔ

戦略13 MONEY STRATEGY

老後生活は、年金を軸に設計

多くの高齢者が、今どんな生活をしているのか、みなさんはご存じですか？

厚生労働省の「国民生活基礎調査」（２０１９年）を見ると、**年金などをもらっている高齢者世帯のうち、48・４％が、公的年金や恩給だけで暮らしています。**

つまり、高齢者の約半数の人は、支給される年金などの範囲内で、なんとか生活をしているということです。８割以上の生活を年金や恩給でまかなっている世帯まで含めると、約60％になります。

■今の40代の強みは「夫婦共働き」ということ

年金だけで暮らせるのは、たぶん、現在の高齢者が、年金に恵まれているからかもしれません。

今の65歳以上は、給料が右肩上がりに上がって、その高い給料を基準に退職金をもらい、同じく高い給料を基準に年金ももらっています。しかも、ほとんどが持ち家でローンも終わり、子供も社会人として独り立ちしている人が多い。
そういう意味では、もともと恵まれている世代でもあります。

いっぽう、今の40代、50代は、すでに給料が右肩上がりの時代は終わり、どちらかというと右肩下がり。しかも、役職定年になるとさらに給料が下がり、下がった給料を基準に退職金が支給され、公的年金ももらうことになります。

それでも50代の場合には、そこそこの退職金が用意されそうだし、公的年金も、それほどドラスティックに下がりそうにありません。

しかし、**40代は、50代よりも過酷で、能力主義も導入されているので、稼ぐ人と稼げない人の差も、かなり鮮明になっています。**

ただ、40代の強みは、共働きが多いことです。この年代は妻も働き、しかもパートで働いても厚生年金に加入することになりそうですから、2人の年金を合わせれば、それなりに老後生活をやっていけるかもしれません。また、**「国民健康保険」ではなく2人とも「健康保険」なら、病気になった時などの保障も厚くなります。**

どちらにしても、老後はまず公的年金が生活の主軸となるということは確か。これを踏まえて、不足分は老後までに稼いでおくか、できるだけ長く働くことを心がけましょう。

自営業者の場合は、公的年金はサラリーマンよりも少ないですが、定年がなく、いつまでも働けるというのが強みです。

ですから、**できるだけ健康で長く働く。夫婦で働く。そして、余裕のある時にはしっかり「現金貯蓄」をしておきましょう。**自営業者には退職金はありませんが、107ページで紹介する「小規模企業共済」などは、節税効果があるだけでなく、リタイアした時の退職金代わりになります。

公的年金・恩給が所得に占める割合

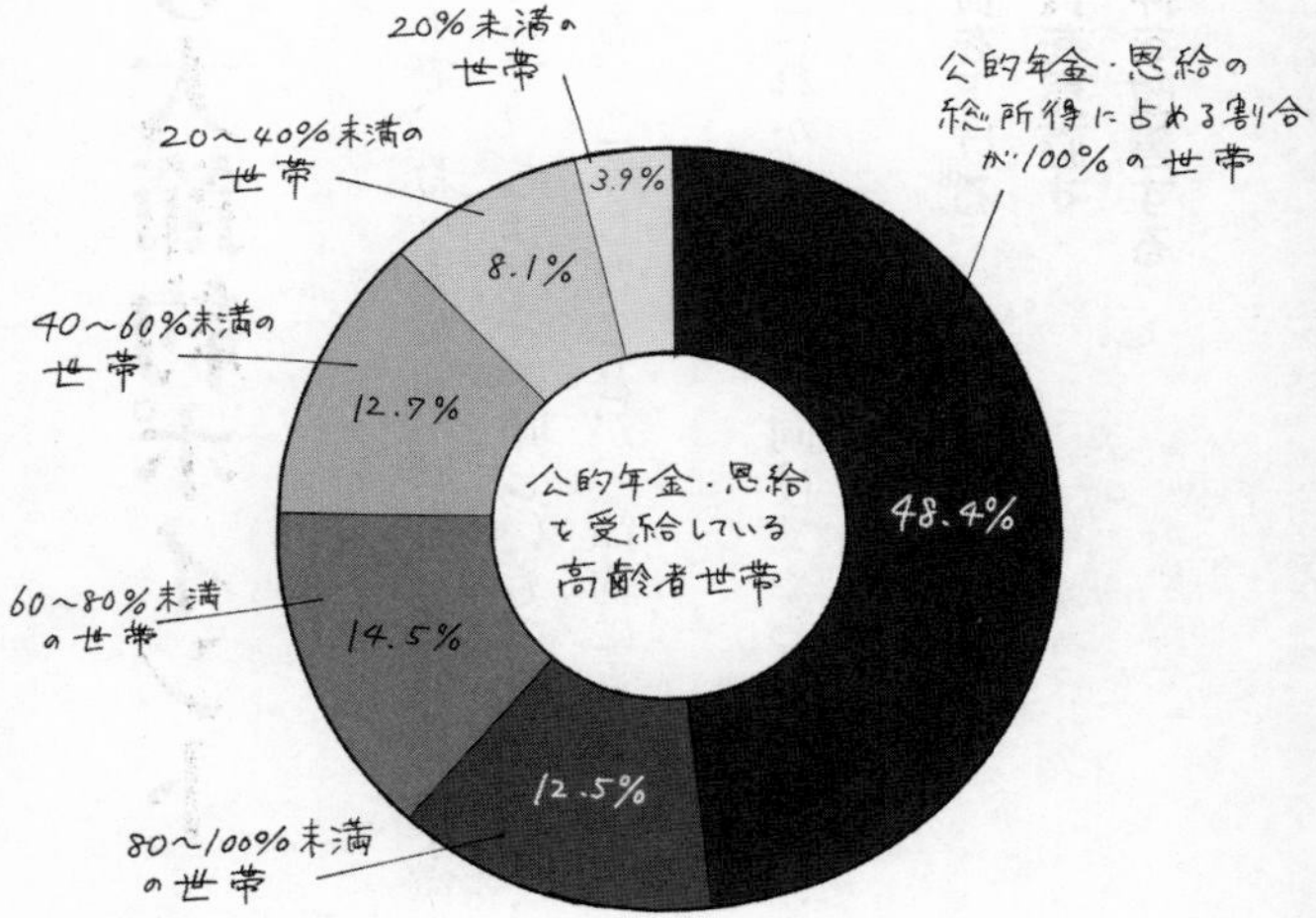

ポイント

- 約半数が年金を生活の主軸にしている
- できるだけ長く働くことを心がける

※厚生労働省「国民生活基礎調査」(2019年)より作成

MONEY STRATEGY
戦略14

3大節約ポイント

新型コロナで、おウチ時間が増え、そのぶん丁寧に暮らす人が増えています。外食をやめて、ちょっと美味《おい》しいものを家でつくって食べる。外で飲んでいたのを家飲みにする。こうしたことが、節約にもつながっています。

さらに、これから、老後に向けてやっておきたい3つの節約があります。

①通信費を下げる
②固定費を見直す
③夫婦仲を改善する

まず、「通信費を下げる」から見ていきましょう。

■通信費は、まだまだ下げられる

豊かな老後を送ろうと思ったら、これからはパソコンやスマホは欠かせません。ネット情報を駆使すれば、割安に生活できる時代になっているからです。

ただ、パソコンやスマホを駆使するために必要な通信費については、まだまだ高額になっているご家庭が多いようです。

総務省「家計調査」（2020年）を基に計算した、夫婦2人暮らしのご家庭の通信費は、平均9140円。スマホ料金とネット料金が大半ですが、スマホは格安のものがどんどん出ていますし、高齢者の場合には月に1人1000円を切るプランも出てきています。

通信技術の進展で、この手の料金は、今後、ますます下がっていくことが予想されるので、マメに見直しをして、節約に役立てましょう。

■固定費は、1回見直せば、ずっと効果がある

毎月支払っている電気やガス、水道、新聞などの定期購読料、スマホアプリ代、スポーツクラブの料金などは、そのままというご家庭も多いです。けれど、必要がなくなったり、意外と使っていないというものは、マメに見直しましょう。

また、**削れないと思っている固定費でも、意外と簡単に見直せるものもあります。**

たとえば、電気代。

家族が多かった時は60アンペアでも、家族が少なくなって夫婦2人なら、40アンペアで充分にやっていけるでしょう。

これだけで基本料金が500円ほど下がるだけでなく、使いすぎるとブレーカーが落ちて、電気の使い方にも気をつけるようになるので、電気の使用量そのものも下がり、節約になるはずです。

こうしたものを、年に1回くらい見直すだけでも、家計はスリムになるはずです。

■節約には夫婦仲が大事

「節約に、なぜ夫婦仲？」と思う方もおられるかもしれません。

すでに伴侶が他界したり、離婚したり、まだ独身という方もいらっしゃるので、こうした方は、自分の老後は自分で考えていくしかありません。

ただ、夫婦なら、2人で過ごす老後ですから、2人で考えていくべきでしょう。

それは、お金についても同じです。2人の意思疎通がないと、夫は充分な資金があると思っていたのに、妻がいつの間にかお金を浪費してしまって、豊かな老後が送れなくなってしまったということが起きるケースが出てくるからです。

そのためには58ページの「資産の棚卸し」のような作業をまず2人で行なって、現状認識を共有する。**現状認識を共有したら、共通の目標を持つこと。**こうしたことを通して、2人で生きていくのだと自覚すれば、絆も強くなり、2人で協力して節約しながら楽しい生活をしていくことができるようになるでしょう。

戦略 15

生活費以外に必要なお金を知っておく

「老後2000万円問題」は、皮肉なことに、コロナ禍でみんながお金を使わなくなったことで、解消されそうだというのは前述の通りです。

節約で出費が縮小した結果、年金だけでも暮らせる人が増えているということです。

ただ、老後に必要となるお金は、生活費だけではありません。

老後には、さまざまなお金が必要になってきます。それがあらかじめわかっていないと、「老後が不安」ということになります。

老後に必要なお金は、百人百様です。

旅行が好きなのでそのためのお金は欠かせないという人もいれば、就職しない子供がいて、そのために老後資金がかなり必要という人もいることでしょう。

いろいろと家庭の事情はありますが、ただ、多くの人が、老後の心配ごととして考えている費用は、集約すると2つ。

「介護のお金」と**「医療のお金」**です。

■じつは誤解だらけの「介護費用」

生命保険文化センターが、毎年1万人近い人を対象に行なっているアンケートの中に、「世帯主または配偶者が要介護状態になったら、どれだけの費用が必要になると思うか」と聞いている項目があります。

このアンケートによると、**多くの人が必要と思っている「介護費用」は、なんと平均で1人約3000万円。**2人なら約6000万円ですから、こう聞くとそんな大金を老後までに用意するのはとても無理だという人がほとんどでしょう。

けれど、この同じアンケートの中で、実際に介護を経験した人たちに、かかった金額を聞いています。**こちらは、なんと平均600万円！**

3000万円と600万円では、5倍の開きがあります。

なぜ、こんなに差があるのかといえば、まだ介護保険がない頃に、自分の祖父母や親戚などの介護を見て、「介護というのは、なんて、お金がかかるんだ」と思った方が多かったからでしょう。

けれど、日本では2000年4月1日から「介護保険制度」がスタートし、**65歳以降は、介護状態になったら少ない負担でみてもらえるようになりました。**

そのため、平均的な介護費用は約600万円と、かなり安くなっています。

■医療と介護の基本を知って対策を

「医療」については、日本は国民皆保険なので、それほど高額な医療費がかからないようになっています。

しかも、現役並みの収入がある人、高所得者などは自己負担率も高いですが、**一般的な高齢者の場合には、入院してもそれほど自己負担は多くありません。**

しかも、高額療養費制度（79ページで詳しく解説）という、医療費が一定額を超えたら、超えたぶんの費用を請求すれば戻してくれる制度があります。

この制度を使うと、それほどの負担にはなりません。

それだけでなく、厚生労働省なども、病院での入院の受け入れは、なるべく短期間にするように通達しています。また、病院への支払いは、保険の点数制ですが、この点数制でも、なるべく短期間で多くの患者を受け入れた病院のほうが優遇されるようになっているので、それほど高額にならないのです。

老後は、できるだけ元気で長生きできるに越したことはありません。

ただ、そうは思っても、現実を見ると、身体がついていかないという人も多いことでしょう。

そんな老後を、少しでも安心して迎えるには、イザという時のための介護と医療の基本的なことを今から学んでおくと安心かもしれません。

戦略16 MONEY STRATEGY

「介護保険」で損をしない！

老後の介護では、「介護保険」が大きな役割を果たします。

誰もが安い料金で介護サービスを受けられるようにと、介護保険が２０００年にスタートしたというのは前述の通りです。

要支援１～２、要介護１～５と介護の状況によって7段階あり、サービスが使える限度額は、介護状況が厳しくなるほど段階的に引き上げられていきます。

たとえば、寝たきりで食事や排泄《はいせつ》などを自分でできない「要介護５」だと、支援限度額は１ヵ月36万２１７０円（２０１９年10月1日以降）。この場合、**1割負担なら月3万６２１７円を自己負担すれば、約36万円の限度額の範囲内で目いっぱいサービスを受けることができます。**

では、現役並みの収入があるので3割負担の人なら、3倍の月10万8651円払うのかといえば、そうではありません。「介護保険」には、かかったお金が一定額を超えたら、超えた額を返してくれる「高額介護サービス費」という制度があるからです。

■「高額介護サービス費」で過払い金が戻ってくる

たとえば、要介護5でも年収700万円ほどで現役並みの収入があるというAさんの場合、3割負担だと月10万8651円になるはずですが、**「高額介護サービス費」を申請すれば、4万4400円で済みます。**

つまり、それ以上は支払わなくてもよいのです。もしそれよりたくさん支払っていた場合でも、請求すれば払い過ぎのお金を戻してもらえるということになります。「高額介護サービス費」の上限は、77ページの表のように年収によって違います。

年収が高い人ほど、たくさん負担する仕組みになっています。多くの高齢者の方は、そんなには稼いでいないと思うので、心配しなくていいでしょう。

■合算することでよりおトクになる

「高額介護サービス費」は、同じ世帯であれば合算できます。夫婦2人とも介護状態だというような場合、**2人合わせた介護費用の上限が、「高額介護サービス費」の上限になります。**

前述のAさんの場合、本人も妻も要介護5で、妻も現役並みの収入があったとしたら、3割負担で月10万8651円×2人で月に21万7302円になるかというとそうではなく、世帯合算できるので、ふたり合わせて4万4400円となり、払い過ぎていたらそのぶんを返してもらえます。

さらに、1年間に、介護費用だけでなく医療費もかかったので自己負担が上がってしまったという時はどうでしょうか。この場合、医療費と介護費用を合わせて**「高額介護合算療養費」という制度を使うと、さらに安くなるケースがあります。**

高額介護サービス費の上限

区分	負担の上限額（月額）
課税所得690万円（年収約1,160万円）以上	140,100円（世帯）
課税所得380万円（年収約770万円）〜 課税所得690万円（年収1,160万円）未満	93,000円（世帯）
市町村民税課税〜課税所得380万円（年収770万円）未満	44,400円（世帯）
世帯の全員が市町村民税非課税	24,600円（世帯）
前年の公的年金等収入金額＋その他の合計所得金額の合計が80万円以下の方等	24,600円（世帯） 15,000円（個人）
生活保護を受給している方等	15,000円（世帯）

ポイント

- 一般的な所得の負担限度額は 44,400円
- 高所得者世帯について、負担限度額の見直しがあった（令和3年8月〜）

※厚生労働省資料より作成

戦略17

過剰な医療費は返還してもらう

老後の「医療費」と聞くと、想像できないくらい高いものになりそうだという気がしますが、自己負担する額は、それほど多くはありません。

基本は、小学校に入る前の子供は、かかった医療費の2割負担、70歳までの方は3割負担、70歳から74歳までの方は2割（現役並み所得者は3割）負担で、それ以上の高齢者は、収入によって1割、3割負担となります。

ただ、**3割負担といっても、入院して月150万円かかったら45万円負担しなくてはいけないのかといえば、そうではありません。**

「公的医療保険」には、「介護保険」と同様に、支払い額が一定額を超えたら、それ以上は支払わなくてもいい制度があります。

■一定以上の医療費を払い戻してくれる「高額療養費制度」

現役で働いているサラリーマンの医療費負担は3割ですから、仮に胃がんで入院して治療費が月100万円かかったとしたら、3割の30万円が自己負担になると思うかもしれませんが、そうではありません。

「高額療養費制度」といって、かかった医療費が一定額以上になったら、越えたぶんを払い戻してくれる制度があるからです。

81ページの表のように、入院して月に100万円の医療費がかかったとすると、普通の収入（年収約370万〜約770万円）の人なら負担額は9万円弱（8万7430円）で済みます。あらかじめ手続きをしておけば、請求しなくても窓口で約9万円支払えばいい病院も増えていますし、いったん30万円支払っても、請求すれば、約21万円を戻してもらえるのです。

「高額療養費制度」の上限は、収入に応じても変わってきます。また、年齢も70歳未満と70歳以上で支払いの上限が変わります。

たとえば、医療費3割負担の人でも、年収が約370万円以下なら、100万円の治療を受けたとしても、自己負担は5万7600円で済みます。

70歳を超えて370万円以上の収入を得ている人というのはそれほど多くはないと思うので、**多くの方は、どんなに治療を受けても、月6万円弱で済むと思っていいでしょう。**

しかも、同じ保険に加入している人なら、家族合算されます。

たとえば、夫婦が75歳以上で、1人月に100万円の治療を受けたとすれば、合計で治療費は200万円になりますが、この場合、2人合わせて5万7600円ということになります。

表の「高額療養費制度」の金額は3ヵ月目までの料金ですが、4ヵ月目からは、さらに上限が低くなります。

また、治療に時間がかかる精神的な病気でもない限り、そんなに長く入院させてくれないので、老後の医療費は夫婦で200万円くらいみておけばいいでしょう。

高額療養費制度とは

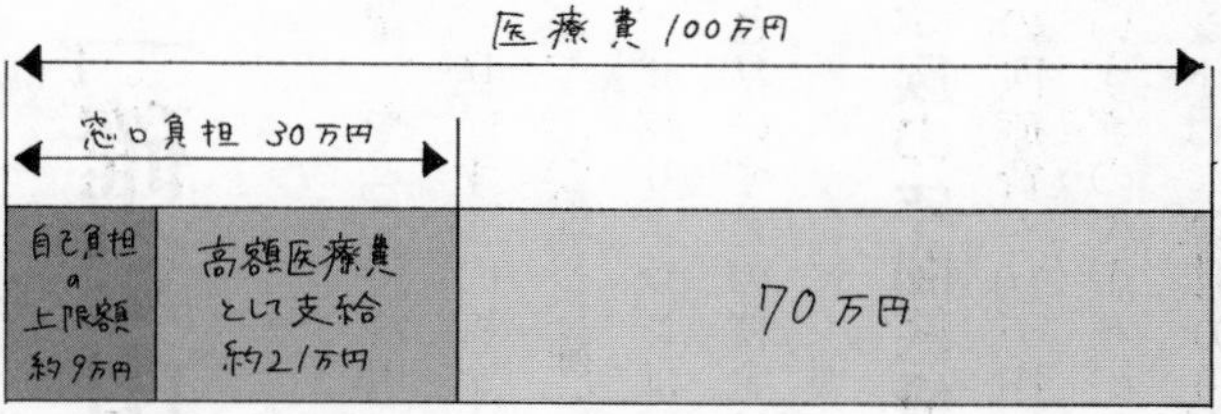

⇨ 窓口負担30万円のうち約21万円が支給される

上限額は、年齢や所得によって変わる

毎月の上限額は、加入者が70歳以上かどうかや、加入者の所得水準によって分けられます。また、70歳以上の方には、外来だけの上限額も設けられています。

● 70歳以上の方の上限額（2018年8月診療分から）

適用区分		外来（個人）ごと	ひと月の上限額（世帯ごと）
現役並み	年収約370万円～約770万円 標準報酬28万円～ 課税所得145万円～	80,100円＋ （医療費−267,000）×1%	
一般	年収156万～約370万円 標準報酬26万円以下 課税所得145万円未満等	18,000円 （年14万4,000円）	57,600円
住民税非課税等	Ⅱ　住民税非課税世帯	8,000円	24,600円
	Ⅰ　住民税非課税世帯 （年金収入80万円以下など）		15,000円

※厚生労働省保険局「高額療養費制度を利用される皆さまへ」をもとに作成

戦略18 MONEY STRATEGY

「確定申告」を賢く使う

「医療費」や「介護費用」がたくさんかかった時には、サラリーマンでも「確定申告」すれば、払いすぎの税金を戻してもらえるかもしれません。

それが、「医療費控除」です。

ただ、サラリーマンは、医療費控除が年末調整の対象とならないので、自分で申告しないと払いすぎの税金は戻ってきません。

■家族の年間医療費は合算して申請すれば控除対象

年間の医療費が10万円を超えたら（総所得金額が200万円未満ならその5％）、申請すれば払いすぎの税金を戻してもらえる医療費控除の対象となります。

ポイントは、**家族が1年間に使った医療費を合算し、申請すること。そして、所得**

税の税率がもっとも高い人（税金をたくさん払っている人）**が、代表して「医療費控除」の確定申告をすること**です。

遠くに住んでいる祖父、祖母がいても、仕送りするなどで生活を支えてあげていたり、医療費の面倒を見てあげているような場合には、生計を一つにしていると見なされて医療費控除の対象になります。

サラリーマンは、還付申告なので、必ずしもその年の医療費でなくても、5年を遡って請求することができます。

■親の介護費用も「医療費控除」の対象になる

意外と知られていないのが、親の介護費用も医療費控除の対象になるということです。

介護費用では、「施設サービスの対価」や「在宅サービス等の対価」が対象です。

「施設」で対象となるのは、特別養護老人ホーム、指定地域密着型介護老人福祉施設、介護老人保健施設、指定介護療養型医療施設など。

特別養護老人ホームや指定地域密着型介護老人福祉施設については、介護保険で提供される施設サービス費のうちの自己負担ぶんの2分の1が対象となります。

介護老人保健施設、指定介護療養型医療施設では介護保険で提供される施設サービス費のうち自己負担分が医療費控除の対象です。

在宅で介護保険のサービスを受けている人は、訪問看護や訪問リハビリテーション、医療機関でのデイサービスやショートステイなど、かなり幅広いサービスで自己負担している金額が医療費控除の対象となります。

また、医療費控除対象の在宅サービスとセットなら、夜間のオムツ交換や訪問入浴サービスなども対象になります。

介護は、平均で5年といわれています。**保険でまかなえる部分は医療費控除の対象になりませんが、自己負担もかなりあるケースが多い**ので、家族を介護しているなら、戻してもらえる税金はしっかり戻してもらいましょう。

医療費控除の対象になる「介護」の項目

- □ 訪問介護（ホームヘルプサービス）
- □ 訪問入浴介護
- □ 訪問看護
- □ 訪問リハビリテーション
- □ 居宅療養管理指導（医師等による管理・指導）
- □ 通所介護（デイサービス）
- □ 通所リハビリテーション（医療機関でのデイケア）
- □ 短期入所生活介護（ショートステイ）
- □ 短期入所療養介護（ショートステイ）
- □ 認知症対応型共同生活介護（認知症老人グループホーム）
- □ 特定施設入所者生活介護（有料老人ホーム等）
- □ 福祉用具貸与

※国税庁ホームページより作成

戦略19

無税贈与枠は使えるうちに！

自分の老後に、生活費以外に大体いくら必要なのかということがわかったら、そのお金は、あらかじめ除いておきましょう。

目安は、介護費用が2人で1200万円、医療費が200万円、さらにお葬式などの費用が心配というなら、総額で1500万円くらいは現金で銀行に預けて、できれば年金の範囲内で生活していきましょう。

そうすると、中にはお金が余るという人もいることでしょう。

■高齢者の貯蓄率が急伸中

じつは、日本の貯蓄率は急激に上がっています。

2020年の貯蓄額は、前年の5倍の35・8兆円にも達しました。先述のようにコロナ禍で一律に配られた10万円も、消費には回らずに貯蓄に回ったようです。

中でも、**世帯主が65歳以上の世帯の貯蓄率は高く、平均貯蓄額は２３２４万円で、なんと２５００万円以上の世帯が３分の１となっています。**

高齢者の家計の黒字化と貯蓄の増加は、コロナ禍による一時的なものではなく、今後も増えていくことが予想されます。


ただ、たくさんお金があっても、あの世まで持っていくことはできません。なので、多くの方は子孫に残してあげようと思っていることでしょう。

ただ、89ページの表でもわかるように、なんと**相続税が発生しない１０００万円以下の相続案件でも、驚いたことに裁判に発展しているケースが34・７％もあります。**

ちなみに、相続する時には、３０００万円＋６００万円×法定相続人の数までは、相続税がかかりません。ですから、妻と３人の子供が相続するとすれば、５４００万円までは無税で相続できるのですが、89ページの図のように裁判所の遺産分割事件のうち、77・６％が５０００万円以下の相続で争っているのですから、おちおち天国へも行けません。

だとすれば、財産がある方は、生前に相続税対策をしておくべきでしょう。

■無税贈与枠は制度があるうちに使いましょう

相続税対策でもっとも有効なのは、1人年間110万円までの無税贈与の制度。これを使い、あらかじめ贈与しておくことです。

贈与では、条件付きで最大1500万円まで、学校の費用を祖父母が出してあげても無税という「教育資金贈与」がありますが（2023年3月31日まで）、信託銀行に預けてある教育費用が残ってしまったら、相続税より高い贈与税がかかります。

ですから、**上手に子供に贈与するには、何に使ってもいい年間110万円の無税贈与枠を使うといいでしょう。**

ただ、この110万円の贈与枠が、もしかしたら2023年から使えなくなる可能性があります。ですから、これを利用したいなら、今年と来年、あげたい子供や孫がいたら、しっかりとあげておいたほうがいいかもしれません。

遺産分割事件の遺産額の割合

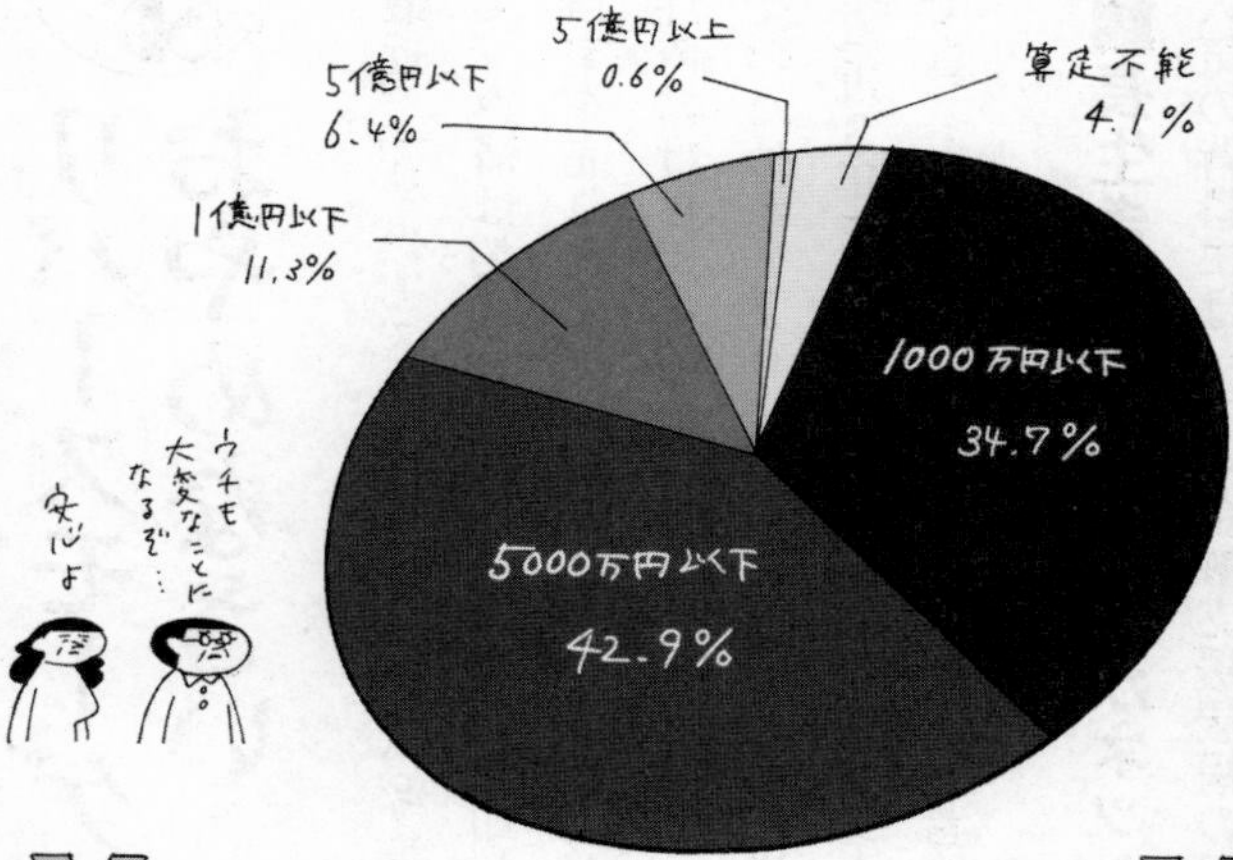

遺産分割事件の件数

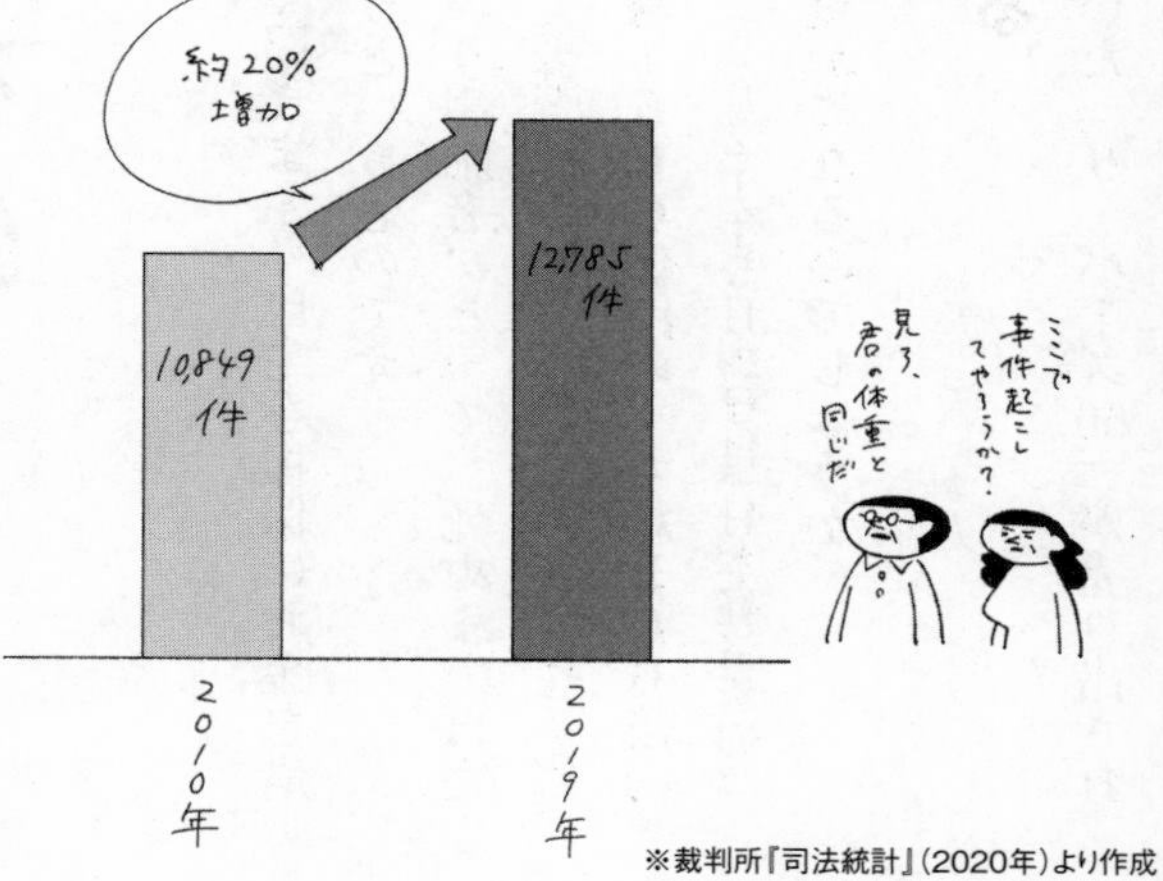

※裁判所『司法統計』（2020年）より作成

戦略20

リバースモーゲージなんて、おやめなさい

最近、「リバースモーゲージ」という言葉をよく聞きます。自宅を担保にお金を借りて、返済は契約者の死後に自宅を売却して行なうというものです。

自宅を売りたくはないけれど老後資金が不安という高齢者にとって、死ぬまで自宅に住み続けながら、老後資金も得られる一石二鳥の金融商品に思えるかもしれません。

そのためか、2021年時点で推定融資残高の約1600億円のうち約500億円が、直近3年で増加したものだといわれています。（2021年5月19日付「日本経済新聞」）

でも、本当にリバースモーゲージで老後生活は豊かになるのでしょうか。

■長生きするほど利息がネックになる

人気の背景には、住宅金融支援機構の保険がついた「リ・バース60」が売り出され

たことがあります。

これまでは、契約者の死後に家を売却して金融機関に借りたお金を返す際に、借りた総額より自宅の売却益が少なかったら、相続人が差額を支払わねばなりませんでした。そのため「子供に迷惑がかかる」と利用をためらう方も多くいました。

ただ、「リ・バース60」には、借入金が超過した時用の保険が付けられているので相続人に請求はいきません。

これなら、たくさんのお金を借りても請求されないので〝借り得〟と思うかもしれませんが、金融機関が損するはずがありません。保険が付いているぶん、利率が通常より高くなっています。リバースモーゲージの契約者は原則、利息だけを毎月返済しますが、**「リ・バース60」は利息が高いぶん借りられるお金が少なく、担保不動産の評価額の50〜60%。**住宅ローンがたくさん残っていたり、古くなった家のリフォームでローンがかなりあるというような場合には、「担保にならない」ということで借りられないケースもあります。

また、金利が高いぶん、毎月の返済額も多くなるので、返済してもなかなか元金が減らず、**長生きすればするほど利息の支払いリスクが高くなる可能性があります。**

もう一つ、考えておかなくてはいけないのは、**金利が上昇した時に、返済額が増える可能性があるということ。**

「リ・バース60」は、適用金利が定期的に見直されるので、金利が上がれば返済額も増え、こんなはずではなかったということになりかねません。

■小さなマンションを買い直して老後資金の確保を

そもそもリバースモーゲージでは、利用できる方が限られています。

たとえば60歳で契約して100歳まで生きたら、金融機関は貸したお金の回収に40年もかかることになります。そうなると、融資対象は長期間資産価値の落ちない一等地の物件などに限られてきます。

ですから、マンションや地方の物件では利用できないケースも多いでしょう。

通常は、家を担保にお金を借りると、評価額の6割から7割程度の融資を受けられるケースが多いですが、リバースモーゲージは、それより低くなるのが一般的です。

また、前述したように、途中で金利が上がると、返済額も上がってしまう金利リスクがあるものが多いのです。**不動産価格が予想以上に下落すると担保割れしたり、予想以上に長生きする〝長生きリスク〟もあります。**その場合、最後まで自宅に住み続けられないケースも考えられます。

リバースモーゲージを使わないとしたら、どうすればいいのでしょうか。

広い自宅なら売却し、2DKくらいの2人で過ごせるマンションを買い、手元に残ったお金を老後資金にすることです。

1億円の価値がある自宅を担保にリバースモーゲージで5000万円借りるより、自宅を8000万円で売却し、2DKのマンションを2000万円で買う。そして、老後資金として手元に6000万円残したほうが確実でしょう。

第3章

「投資」を疑いなさい

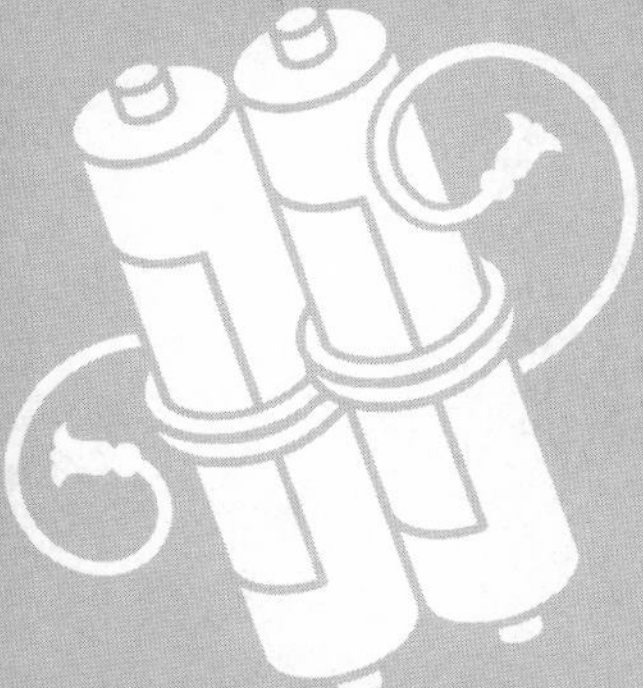

戦略21

話題の「iDeCo」の正体

国が、「老後を豊かにするためには、投資が必要」と言い始めたのは、2000年頃から。それまでは、戦後から一貫してずっと「投資より貯蓄が大切」と言い続け、貯蓄教育に力を入れていました。その方針を180度転換して「貯蓄より投資」と言い始めたのは、「公的年金」の将来が危《あや》うくなる中で、自分の身を自分で守るという自己責任を国民に徹底させなくてはならなくなったからでしょう。

その政府の今のイチ押し金融商品が、「iDeCo《イデコ》（個人型確定拠出年金）」です。どんなものなのでしょうか。

■運用次第でもらえる年金額が変わる

「iDeCo」は、老後のために投資商品を積み立てていくというもの。20歳以上60

歳未満が利用でき、投資信託、定期預金、保険などを、金融機関に月々5000円から1000円単位で積み立てしていきます。

今までは、60歳までに積み立てたものを60歳から70歳までの間にもらうことになっていましたが、2022年4月からは60歳から75歳までの間に受け取ればいいことになりました。ただし、1952年4月以前に生まれた方は、従来どおり70歳までに受け取らなければならないことになっています。

また、積立期間は60歳まででしたが、同年5月からは、65歳未満まで積み立てを続けられるようになっています。

「iDeCo」は任意加入の個人の年金です。

公的年金は相互扶助なので、現役世代が高齢者のために保険料を支払い、自分が65歳になったら、今度は現役で働いている人たちに支えてもらうというシステムです。けれど「iDeCo」は、自分で積み立てたものを自分でもらいます。1人につき1

口座で、主に投資商品で運用されるので、**運用結果次第でもらえる年金額は変わります。**

■職業で掛金の限度額が変わる

掛金の限度額は、職業によってちがいます。

基本的には、企業年金がない企業に勤める人や自営業者などが加入する制度。

企業年金には、会社が従業員にお金を渡して将来のために年金を運用させる「確定拠出年金」と、会社が運用を約束したものを将来従業員に渡してくれる「確定給付年金」（将来、決まった金額がもらえる）があります。

2022年10月からは、これらの年金とも併用可能になります。

ただし、会社の確定拠出年金の掛金の上限は、「iDeCo」と合わせて5万5000円まで。確定給付型の企業年金の掛金の上限は、「iDeCo」と合わせて月2万7500円までとなっています。

iDeCoの拠出限度額について

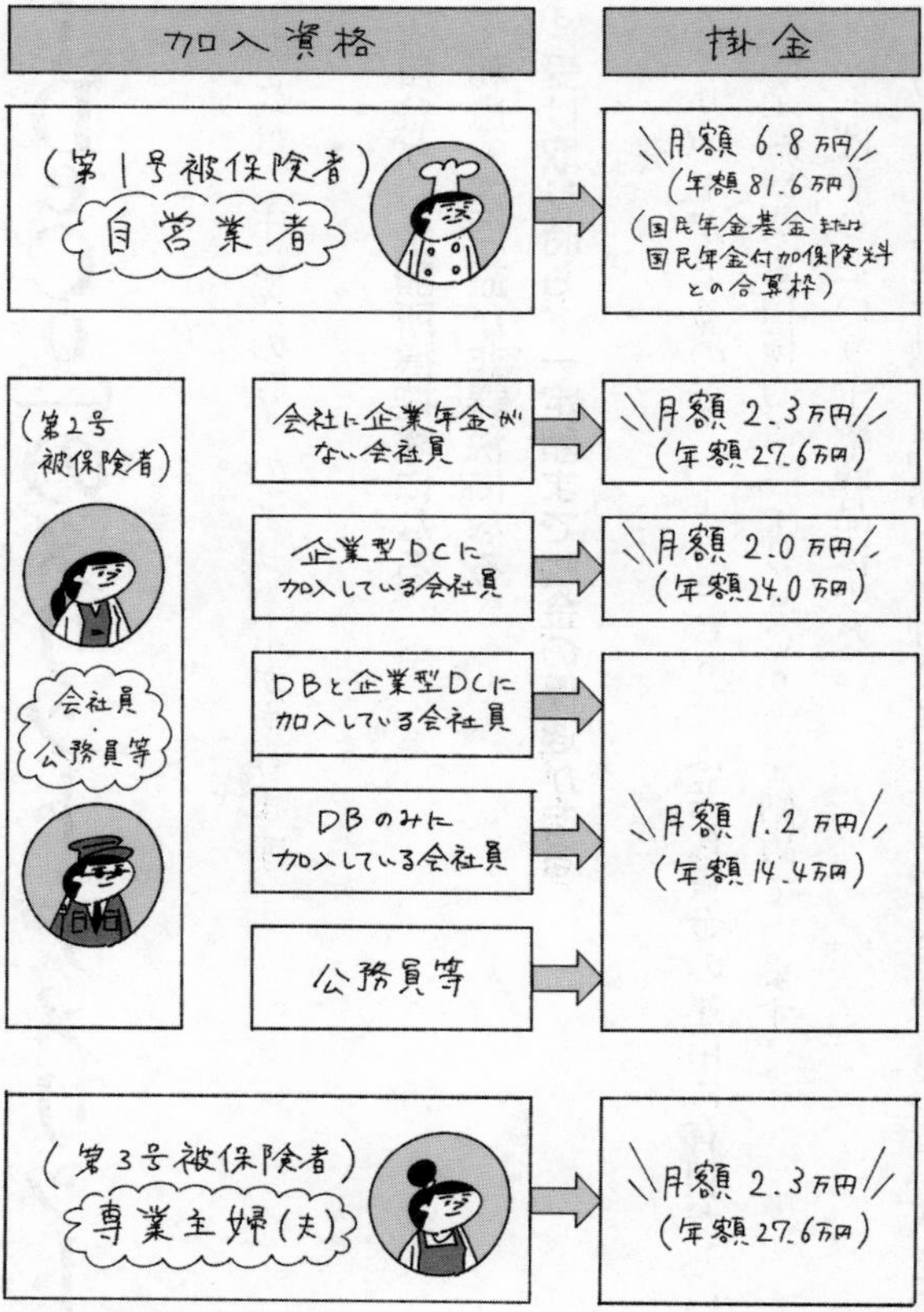

DC:確定拠出年金
DB:確定給付企業年金、厚生年金基金

※iDeCo公式サイトをもとに作成

戦略22

「iDeCo」のメリット・デメリット

「iDeCo」には、主に次の3つのメリットがあります。

メリット① 掛金が、全額所得控除になる
メリット② 利息・運用益が非課税になる
メリット③ 受け取り時も、一定額まで税金の優遇がある

この3つのメリットがあるので、「iDeCo」は老後資金の運用に有利だといわれていますし、金融機関も積極的に「iDeCo」を勧めています。

ただ、メリットばかりという金融商品は少ない。

じつは、「iDeCo」には、しっかりと押さえておかなくてはならない大きなデメリットがあります。

■60歳になるまで引き出せない

「iDeCo」には、主に次の2つのデメリットがあります。

デメリット① 60歳になるまで、引き出せない
デメリット② 投資商品なので、目減りする可能性がある

「60歳になるまで、引き出せない」は、なぜデメリットなのでしょうか。

「iDeCo」は、自分で積み立てた自分のお金を、将来自分でもらうので、貯金のような感覚で始める方が多くいらっしゃるようです。

けれど、貯金ならいつでも引き出して使うことができますが、「iDeCo」は、たとえ積み立てているものが預貯金であっても、60歳までは引き出せないのです。

長い人生には、何が起きるかわかりません。

コロナ禍の中で、お金がなくて店を畳まなくてはならなくなる人や、従業員を泣く泣くクビにするという経営者も出てきています。そんな時、「あの『ｉＤｅＣｏ』にあるお金が引き出せたら……」と思っても、あとの祭り。

これからは、何が起きるかわからない時代。だからこそ、困ったらすぐに使えるお金を持っているということは大切でしょう。

もちろん、儲かって節税しなくてはいけないなら、「ｉＤｅＣｏ」もいいですが、60歳までずっと儲かり続けているかどうかはわかりません。

■預けている間に引かれる手数料に注意

もうひとつ、「ｉＤｅＣｏ」は投資商品で、運用次第では目減りの可能性があります。もちろん、「ｉＤｅＣｏ」でも、預貯金を選ぶことはできます。

ただ、銀行の預金は、預けていても手数料を取られませんが、**「ｉＤｅＣｏ」の場合には、預けている間にさまざまな手数料を引かれます。**さらに、前述したように60

歳にならなくては引き出すことができません。

手数料について見ると、「ｉＤｅＣｏ」に新たに加入したり、企業を退職して「ｉＤｅＣｏ」に企業年金を引っ越しする時に、国民年金基金連合会に２８２９円（税込）を払います。

さらに、運用期間中は、最低でも年間２０５２円、多い金融機関だと年間７０００円近い手数料を支払います。

加えて、給付を受ける時も、給付１回につき４４０円かかります。

これだけの手数料を払って儲けを出すためには、預貯金では無理。投資商品での積み立てをしないと意味がないということになります。

ただ、投資商品は、あくまで運用次第ということになりますから、仮にバブル崩壊やリーマン・ショックのような経済的に大きな出来事があると、「ｉＤｅＣｏ」に預けている投資商品が大きく目減りする可能性があります。そのことは、覚悟しておいたほうがいいでしょう。

戦略23

「iDeCo」なんて、おやめなさい

「iDeCo」は、毎月決まった額を積み立てていくので、ついつい確実に増えていく積立預金と勘違いしてしまいがちです。

ここまで、「iDeCo」のメリットとデメリットを説明してきましたが、「iDeCo」では、投資商品の積み立てをしていかなくては意味がなく、投資商品にはリスクがあるということはご理解いただけたでしょう。

リスクがあるということは、老後までに資産が増えるどころか、目減りしてしまうことだってあるということです。

ところが、国が「将来の資産形成に役立つ」と宣伝しているので、投資をしているという自覚がない人が多く、投資しても将来目減りすることはないだろうと思っている方も多いようです。

■節税効果が必要ない専業主婦には不向き

「ｉＤｅＣｏ」には、やっていい人、やってはいけない人がいます。

やっていいのは、もっとも大きく恩恵を受けそうな公務員。

公務員なら、民間会社と違って60歳までクビになることもなく勤め続けられる人も多いことでしょう。ですから、60歳まで引き出せないという「ｉＤｅＣｏ」のデメリットは払拭《ふっしょく》されます。

しかも、**「iDeCo」の節税効果は、年収が高い人ほど大きくなります。**

国税庁によれば、民間の平均給与は２０２０年で４３３万円、公務員の給料は、国家公務員か地方公務員かなどで違いますが、６５０万円から７００万円。サラリーマンに比べて給料が高い人が多くいます。

ですから、公務員の場合には、給料が高いぶん「ｉＤｅＣｏ」の節税効果も高いということです。

いっぽう、**やっても意味がないと思われるのが、専業主婦。**

なぜなら、専業主婦は、そもそも税金を納めていない人が多く、節税しようにも戻ってくる税金がないので、「ｉＤｅＣｏ」の節税効果が使えないからです。

では、自営業者はどうでしょうか。

■「iDeCo」よりも「小規模企業共済」を検討しましょう

儲かっているなら「ｉＤｅＣｏ」で節税するというのもいいでしょう。

ただ、60歳までずっと儲かり続けていれば節税効果も続きますが、事業の先行きが見えなくなる今回のパンデミックのような状況がこの先もないとは限りません。

そうした時に、自分が貯めたお金を60歳まで使うことができないというのは、大きなリスクと言えるでしょう。

自営業者の場合には、「ｉＤｅＣｏ」に加入する前に、「小規模企業共済」への加入を検討したほうがいいかもしれません。

「小規模企業共済」は、従業員20人以下の個人事業主や小規模企業の経営者、役員が退職金を用意するための制度で、月々1000円から7万円までの間で預け入れができ、「iDeCo」と同じように、**預けたお金が全額所得控除になります**。しかも、**加入手数料や金融商品買付手数料、管理手数料などがかかりません。**年間に84万円まで預けられ、そのぶん、実際の収入を減らすことができるので節税になり、収入が減ったら掛金を減額することも容易にできます。

また、投資ではないので、預けたお金を確実に1～1・5%で増やせます。

「iDeCo」とのもっとも大きな違いは、融資制度があること。

自営業者の場合、事業を続けているとお金に困ることもあるでしょう。そうした時でも「iDeCo」は引き出すことができませんが、**「小規模企業共済」は掛金の7～9割の範囲で、融資を受けることができます。**

貸付利率も、銀行で借りるより安い1・5%程度です。だとしたら、「iDeCo」よりも「小規模企業共済」を先に検討すべきでしょう。

戦略24 MONEY STRATEGY

「NISA」の本質を理解する

「NISA《ニーサ》（少額投資非課税制度）」とは、金融商品ではなく、「NISA口座」という口座の名前です。

銀行や証券会社で、株や投資信託など値動きのある商品を買って入れておく口座で、**この口座に入っている投資商品は、売って利益が得られても税金がかかりません。**

通常の投資だと、値上がりした投資商品を売って利益を得ると、利益に対して20%の税金（所得税・住民税）がかかります。さらに、2037年までは、ここに復興特別所得税0・315%もかかります。

ここでは、わかりやすいように20%課税で計算します。

たとえば、100万円の株を買って、これが150万円まで値上がりしたので売ったとします。この場合、利益が50万円あるので、その利益の20%、つまり10万円を税金として国に支払わなくてはなりません。

ただ、この株が「NISA口座」に入っているものなら、「NISA口座」は非課税なので10万円の税金は、支払わなくてもいいということになります。

「NISA口座」の詳細は、次ページの表のようになっていて、**「一般NISA」は年間120万円まで投資商品が買えて5年間で最大600万円の投資額に対し非課税**となります。

一定の投資商品を購入していく「つみたてNISA」は、年間40万円まで投資商品が買えて20年間で最大800万円まで購入できます。

また、2023年までは、18歳以上20歳未満の「ジュニアNISA」もあります。

一般NISAと「つみたてNISA」の併用はできませんが、2024年に登場する「新NISA」では、一部が「つみたてNISA」になります。

2023年までのNISA

2023年まで

	NISA（18歳以上）		ジュニアNISA（20歳未満）
	一般NISA	つみたてNISA	
制度開始	2014年1月から	2018年1月から	2016年4月から
非課税保有期間	5年間	20年間	5年間 ※ただし、2023年末以降に非課税期間が終了するものについては、20歳まで非課税で保有を継続可能。
年間非課税枠	120万円	40万円	80万円
投資可能商品	上場株式・ETF・公募株式投信・REIT等	長期・積立・分散投資に適した一定の投資信託 ※金融庁への届出が必要	一般NISAと同じ
買付方法	通常の買付け・積立投資	積立投資（累積投資契約に基づく買付け）のみ	一般NISAと同じ
払出し制限	なし	なし	あり（18歳まで） ※災害等やむを得ない場合、非課税での払出し可能
備考	一般とつみたてNISAは年単位で選択制 2023年1月以降は18歳以上が利用可能		2023年末で終了

2024年からのNISA

2024年から

	NISA（18歳以上）	
	新しいNISA	つみたてNISA
制度開始	2024年1月から	2018年1月から
非課税保有期間	5年間	20年間
年間非課税枠	2階部分 102万円 1階部分 20万円	40万円
投資可能商品	2階部分（上場株式・ETF・公募株式投信・REIT等） 1階部分（つみたてNISAと同様）	長期・積立・分散投資に適した一定の投資信託 ※金融庁への届出が必要
買付方法	2階部分（通常の買付け・積立投資） 1階部分（つみたてNISAと同様）	積立投資 （累積投資契約に基づく買付け）のみ
払出し制限	なし	なし
備考	新しいNISAとつみたてNISAは年単位で選択制	

戦略25 MONEY STRATEGY

「NISA」のメリット・デメリット

「NISA口座」には、値上がり益に対して税金がかからないなどメリットがあるいっぽう、デメリットもあります。

■「NISA口座」のメリット

①利益が非課税になる

通常の証券口座だと、値上がり益に対して20%を税金として国に納めなくてはなりません。けれど、「NISA口座」は課税されないので、値上がりした金額がそのまま手取りとなります。この「非課税制度」は2024年以降に始まる「新NISA」にも適用されます。

②投資対象商品が多い

「NISA」で投資できる商品は、国内株式、海外株式、投資信託、国内ETF（ETFとは上場投資信託）、海外ETFと、かなり幅広い商品に投資できます。

③「NISA口座」の手数料を無料にしている金融機関が多い

「NISA口座」では、口座に手数料がかかる金融機関もありますが、手数料を無料としている金融機関も多くあります。

■「NISA口座」のデメリット

①投資限度額が、年間120万円と少ない

「NISA口座」で買える金融商品は、年間120万円までです。

たとえば、1年間で80万円まで買ったら、次の年は余っている40万円と次の年の

120万円で合計160万円の投資商品が買えるかといえば、そうではありません。年間120万円で、次の年も120万円までしか買えません。

②「NISA口座」の非課税期間は5年間

「NISA口座」には、投資商品を最大で5年間しか預けられないというルールがあります。2022年の1月1日に投資商品を買っても、12月31日に買っても、その年なら1年とカウントされます。

5年経つと、投資商品は他の口座に移さなくてはなりません。

③損益通算や繰越控除が使えない

一般的な証券口座では、「損益通算」や「繰越控除」が使えますが、「NISA口座」ではこうしたものが使えません。

「損益通算」とは、いくつかの口座の利益や損をトータルできるというもの。

たとえば、証券口座Aで10万円儲かり、証券口座Bで8万円の損をしても、2つの口座をトータルすると2万円の儲けということなので、税金は2万円の20％の4000円を払えばいいというのが「損益通算」です。

ところが、一般のA口座で10万円儲かり、「NISA口座」で8万円損をしても、「NISA口座」と「一般口座」はトータルにならないので、**儲けた10万円のうち20％にあたる2万円を税金として支払わなくてはなりません。**

「繰越控除」とは、その年の損失を翌年の利益から差し引くというもので、最長3年間、損した額を繰り越すことができますが、「NISA口座」では使えません。

たとえば、株で10万円損した年があったとします。次の年に別の株を売って2万円儲け、その次の年に4万円儲け、さらにその次の年に4万円儲かったとしても、3年間は最初の10万円の損から儲けを差し引けるので、税金はかからない。

ところが「NISA口座」は、5年間しか置けないので、大損して「NISA口座」から出し、その後に儲かったとしても、「繰越控除」は使えません。

戦略26

「NISA」なんて、おやめなさい

国を挙げて、「NISA口座」への加入を勧めています。

確かに、「NISA口座」に入っている投資商品は、値上がりすれば非課税ですから税金分がトクすることになります。ですから、国や金融機関では、「非課税」を大々的に宣伝しています。

ただ、**投資商品である以上、値上がりすることもあれば、値下がりすることもあります。**ところが、値下がりした時のことは、あまり知られていません。

儲かった時の節税効果ばかりが注目される「NISA口座」ですが、もしもこの口座に入っている投資商品が値下がりしたら、どんなことが起きるのでしょうか。

■株価の値下がりで起きる〝悲劇〟

「NISA口座」に入っている金融商品は、5年経ったら出さなくてはなりません。2024年以降には「新NISA口座」ができますが、そこに入れ直すにしても、いったん出してまた入れるということになります。

たとえば、100万円で買った株が、買って5年後に「NISA口座」から出す時に150万円だったら、通常は50万円に対して引かれる税金20％の10万円は、「NISA口座」が非課税なので払わなくて大丈夫。

けれど、投資商品は、値上がりすることもあれば値下がりすることもあります。

もし、5年後に「NISA口座」から出す時に50万円に値下がりしていたらどうでしょうか。

そこで売却して、50万円の損を確定するという方法もあります。ただ、普通の人は、半額になってしまった株を売って損を確定するということは、自分が汗水流してためたお金で買った投資商品だけになかなかできないでしょう。

ですから、別の口座に移して、値上がりを待つということになるでしょう。

ここで注意しなくてはならないのは、「NISA口座」に預けた投資商品は、買った時の価格に関係なく、口座から出した時の価格が取得価格となるということです。

つまり、100万円で買った株でも、5年経って口座から引き出す時に50万円になっていたら、その株は50万円で買ったということになってしまうのです。

■トータルで儲からなくても税金が発生するケース

通常の証券口座では、100万円の株を買うと、途中で50万円に価格が下がったとしても、買った価格の100万円に値段が戻るまでずっと待っているということができます。そして、100万円に戻ってから売れば、損はなくなります。

ところが、同じ100万円の株でも、「NISA口座」に入れている間に価格が下がり、「NISA口座」から出した時に50万円になっていたら、その時点でこの株の取得価格は50万円ということになります。

ですから、この株を普通口座に移したあとに、100万円になるまで待って売ると、**買った時の値段に戻っただけにもかかわらず、10万円の税金を支払わなければいけな**

くなります。

なぜなら、「ＮＩＳＡ口座」から出した時が50万円だと、取得価格が50万円ということになるので、１００万円に戻ると、50万円値上がりしたと見なされるからです。そこで20％の税金、つまり10万円の税金を支払わなくてはならないのです。

「ＮＩＳＡ口座」は株価がどんどん上がっている時には、節税効果が発揮されます。いっぽうで、株価が上がっていない時、もしくは下がっている時には、有効ではありません。むしろ、払わなくてもいい税金を、払わなければならなくなるかもしれません。

では、これから日本の株は、値上がりしていく可能性が高いのでしょうか、値下がりしていく可能性が高いのでしょうか。

２０２２年の経済状況を見ると、上がる要素よりも下がる要素のほうが大きいように思えます。

だとすれば、「ＮＩＳＡ」なんて、やめたほうがいいかもしれません。

戦略27

「長期投資」のススメは疑いなさい

投資の基本は、「長期投資」ということで、国を挙げて「iDeCo」や「NISA」を勧めています。

しかも、金融庁のホームページを見ると、金融商品を長期で投資していけば、将来お金に困ることはないというような書きっぷりです。

でも、本当に「長期投資」なら安心なのでしょうか。

■30年後の経済なんて誰も予測できない

みなさんは、自分の将来を考える時に、1年後の自分と30年後の自分と、どちらが予想しやすいでしょう。

たぶん、1年後の自分についてはおおよそ見当がつくでしょうが、30年後の自分となれば、どうなっているのかわからないという人がほとんどでしょう。

今から30年前に、破綻しないといわれていた銀行や保険会社が破綻し、その後アメリカで同時多発テロが起き、ユーロという巨大経済圏が出現し、リーマン・ショックが起き、東日本大震災で多くの人が亡くなられ、世界中に新型コロナが蔓延し、ロシアがウクライナに侵攻するなどということを予想できた人は、たぶん1人もいなかったでしょう。

投資は、今ではなく将来を予想してやるものですが、1年後の状況はなんとなく予想できても、30年後の経済がどうなっているのかなどを予想できる人は、たぶん1人もいないのではないかと思います。

そもそも、30年前は「給料は右肩上がりに上がるもの」というのが世の中の常識でした。**その給料が、「右肩下がりに下がっていく」などということは誰も予想することはできませんでした。**

投資の世界も同じ。30年前に6％ほどあった銀行の定期預金の金利が、30年後にゼロ金利になり、4万円近かった株価が2万円台にまで落ちるなどと予想できた人は、1人もいませんでした。

■金融機関が「長期投資」を勧めるのは手数料を稼げるから

今、金融機関に行くと、判で押したように、「長期投資」を勧められます。けれど、「投資のプロ」と言われる人でも、「30年後にはこうなる」などということがわかる人はまずいません。

それだけでなく、みなさんが「長期投資の金融商品」と言われて買う投資信託を、長期投資という視点から運用しているファンドマネジャーなど、一人もいないと言っても過言ではないでしょう。

なぜなら、ほとんどのファンドマネジャーは、3ヵ月ごとに運用成績が評価されます。まれに6ヵ月のケースもありますが、その運用成績の評価が悪ければ、外資系の会社などはすぐにクビにされます。

3ヵ月後に良い実績を残すために必死で金融商品を運用している人たちが、長期投資を考えているかといえば、疑問です。

じつは、「投資」では、3ヵ月くらいの短期で利益を追っていくことのほうが正しいのです。なぜなら、めまぐるしく変わる経済状況の中では、20年先、30年先のことなど誰も予測できないからです。

では、売る側は短期で投資をしているのに、なぜみなさんには長期投資を勧めるのでしょうか。

客として見た時に、**短期で付き合う客ではなく長期で付き合う客のほうが、手数料が稼げる**ということではないでしょうか。また、客のほうも、「どうなるかわかりませんが、短期で見るといい投資です」と言われるよりも、**「これは将来に備えた長期投資です」という言葉のほうが安心感と魅力を感じるから**ではないでしょうか。

ただ、世界は激動しています。短期で状況がコロコロと変わります。

こうした状況では、みなさんにも「短期投資」の心構えが必要ではないでしょうか。

戦略28

「分散投資」に安心しない

「長期投資」と同じように、投資の基本のように言われるのが、「分散投資」です。分散投資の説明で、よく言われるのが「卵は、一つの籠《かご》に盛るな」という言葉。卵を同じ籠に入れておくと、その籠を落としたら全部割れてしまう。けれど、いくつかの籠に分けて入れておけば、一つの籠を落としても他の籠に入れてある卵は割れずに無事で済む。つまり、リスクが分散されるということ。

これは投資のセオリー、基本中の基本と言われています。

でも、本当に分散投資で、損を減らすことができるのでしょうか？

■投資信託は金融機関の美味しい飯のタネ

2008年9月15日、リーマン・ブラザーズ・ホールディングスが経営破綻し、世界中に「リーマン・ショック」が津波のように波及しました。

震源地はアメリカでしたが、アメリカのドルが売られたために日本は円高になり、リーマン・ショック前に1ドル１１０円ほどだった円は、一時87円まで円高になりました。この円高で、輸出産業は収益に大打撃を受け、そのため日経平均株価は大きく下がりました。２００８年1月には1万５１５７円だったのに、リーマン・ショック後の10月には６９９５円まで下がり、半値以下になりました。債券も、売られてキャッシュ化されたので、大幅下落しました。と同時に、借金を負った人たちが土地や不動産を売ったので、不動産価格も下がりました。

つまり、**円、株、債券、不動産と、別々の籠に資産を分けて入れておいたにもかかわらず、卵はすべて一気に割れてしまった**ということです。

もちろん、普通の相場の値動きの中なら、投資を分散することは、リスクヘッジになるかもしれません。

けれど、大きな波が来た時には、ほとんどのものが影響を避けられないということになりかねません。

怖いのは、今、頻繁に経済ショックが起きていることです。

１９９１年の日本経済のバブル崩壊に始まり、１９９７年にはアジア通貨危機、２０００年にはＩＴバブル崩壊、２００１年にはアメリカ同時多発テロ、２００８年にはリーマン・ショック、２００９年にはギリシャ経済破綻危機、２０１１年には東日本大震災、そして２０２０年からの新型コロナショック、ウクライナ危機――と、大きな経済危機だけでも、これだけ頻繁に起きています。

東日本大震災は典型的で、株価が暴落し、日本が財政難になるとの予測から債券価格が下がり、円は1ドル76円の急激な円高になって、どの卵も割れました。

もちろん、多額の資産を持っていて機敏に運用している人は、状況次第でさまざまな金融商品に資産を移しながら、分散投資で損を減らしています。

たとえば、10億円くらいの資産を持っている人なら、さまざまなものを運用できる資産があり、機敏に動けるファンドマネジャーがついています。こういう人は、最低でも5000万円くらいの手数料をファンドマネジャーに支払っています。

では、投資資金が100万円くらいという人は、どうでしょう。分散投資するほどの財産はないので、手頃な「投資信託」を買うことになります。投資信託は、金融機関にとってはおいしい金融商品です。なぜなら売る時と買う時以外にも、持っているあいだはずっと「信託報酬」という手数料が入るから。**買った人がその投資信託で損しようが得しようが、金融機関は確実に儲かる。**中には「ファンドオブファンズ」といって、投資信託を複数組み合わせ、二重、三重に手数料を取っているものもあります。金融機関が儲かるようになっているのです。

ちなみに、分散投資でリスクを減らすということは、投資の世界では、同時にリターンも減るということになります。リスクだけは分散投資で減らして、リターンはそのままなどということはありえません。

戦略29 MONEY STRATEGY

「現金」の価値を再確認する

世界がグローバルにつながったことで、さまざまな危機が頻繁に起きるようになってきています。

２０２０年には、新型コロナウイルスが世界中に伝播《でんぱ》し、それが収まらないうちに、資源高、エネルギー価格の高騰、穀物高などで、インフレに火がつきました。

こうした予測不可能な状況下で、株価も為替も債券も、乱高下しています。

ただ、こうした中でも**価値を保っているのが現金**です。

日本は１９９１年のバブル崩壊からずっとデフレという状況が続いてきました。そして、デフレの中で価値が相対的に上がっているのが「現金」なのです。

■なけなしの貯金を使った投資は無謀

もし、あなたが余分のお金をたくさん持っているなら、私は投資を勧めます。今のような先がわからない時こそ、大失敗することもありますが、大儲けできるチャンスもあるからです。

ただこれは、投資でお金を失っても、失敗に耐えることができる人の話です。

投資に必要なのは、〝潤沢な資金〟と〝時間〟と〝情報〟。

たとえば、100万円で株を買って、値上がりすれば誰もが儲かりますが、値下がりして、仮に50万円になった時に、なけなしのお金で買った人はそれが100万円に戻るまで待ち続けないと損をしてしまいます。けれど、50万円になった時にさらに100万円ぶん買える人は、株価が70万円に戻れば儲けが出ます。

つまり、〝潤沢な資金〟がある人なら、儲かる確率も高いのです。

だから、給料が増えないなか、将来が不安で**爪に火を点《とも》すように貯金を増やしているという人は、投資などしてはいけません。**

儲かればいいけれど、それでなけなしの貯金を失ってしまったら、デフレの中ではなかなかそれを取り戻すことができないからです。

■スタグフレーション対策には現金

繰り返しになりますが、コロナ禍で、日本の貯蓄率が急激に上がっています。

2020年の貯蓄額は、前年の5倍の35・8兆円にも達しました。前述のように一律に配られた10万円も、消費には回らずに貯蓄に回ったようです。

なかでも、世帯主が65歳以上の世帯の貯蓄率は高く、平均が2324万円で、なんと2500万円以上の世帯が3分の1となっています。

これは、至って正常な動きと言えます。

なぜなら、不安定な経済状況の中で、現金の価値が上がっているからです。

食料品やエネルギー価格が上がって、世界的に「インフレ」と言われていますが、インフレになったら上がっていくはずの給料が、日本ではまったく上がっていない状況です。

給料が上がっていないだけでなく、この給料に連動して決まる公的年金の支給額が2021年度は0・1％のマイナスとなり、2022年度も0・4％のマイナスとなりました。年金の額は、3年間の給料の平均で決まるので、来年度の年金額も下がることでしょう。

これまで日本は、給料も下がるけれど物価も下がるというデフレという状況でしたが、**この先は、給料が上がらない不況の中で物価だけが上がっていくスタグフレーションという状況に陥っていく可能性があります。**

こうしたなかでは、投資環境も不安定になっていく危険性もあります。

だとしたら、それほど余裕がない普通のご家庭では、イザという時のために、住宅ローンなどの借金があるなら返し、なるべく多く現金を持っておくことです。

戦略30

「借金返済」は最高の投資

「投資」をする前に、考えなくてはいけないことがあります。それは、住宅ローンなどの「借金」がないかということ。

コロナ禍で、多くの人が生活の不安を感じたことでしょう。この不安を払拭《ふっしょく》するためには、投資でお金を増やそうと考える前に、住宅ローンなどの借金を減らすことを考えるべきです。

じつは、借金を減らすことは、投資よりも確実に資産を増やし、老後の安心につながります。

今、多くの人が、住宅ローンを35年で組んでいます。しかも、2021年には、融資期間40年という住宅ローンも出てきました。

35年返済の場合、35歳で借りれば返済が終わるのは70歳。40年返済なら、75歳になります。

現在、年金支給年齢は65歳からですから、年金生活の中で住宅ローンを払っていくことになりますが、夫婦2人で20万円程度の年金の中から10万円の住宅ローンを払ってしまっては、生活できません。

ですから、多くの方は、退職金で住宅ローンの残債を返すということになるのでしょうが、そうなると老後に使える退職金が減ってしまって老後が不安になります。

ですから、**住宅ローンは、少なくとも年金生活になる前に払い終えておかなくてはなりません。**

そのためには、「繰上げ返済」で、残りのローンの期間を短縮しておきましょう。

■「繰上げ返済」は資産を確実に増やせる手段

今、100万円の余裕があったら、あなたは何に使いますか？

もし住宅ローンが残っているなら、投資などには使わずに、住宅ローンの「繰上げ

返済」をしましょう。

たとえば、10年前に、金利1・5％、35年返済で3000万円を借りた人が、今、100万円を繰上げ返済に回すとします。

そうすると、**約44万円の利息を支払わなくてもよくなります。**

住宅ローンの繰上げ返済には、期間を短縮する方法と返済額を減らす方法がありますが、約44万円の利息を支払わなくてよくなるのは、期間を短縮した場合です。期間にすると、**住宅ローンの返済が、予定よりも1年3ヵ月早く終わります。**

今、100万円支払って、確実に44万円も儲かる投資などありません。

ところが、住宅ローンの繰上げ返済なら、このケースでは100万円払うと144万円の返済するべきローンが消えるのです。

もし同じ条件で5年前に借りた人なら、約55万円の利息を支払わなくてもよくなり、短縮期間は1年4ヵ月早まるので、投資より確実に資産が増えます。

住宅ローンの「繰上げ返済」の仕組み

条件・金額 3,000万円　金利 1.5％　期間 35年

期間短縮の場合

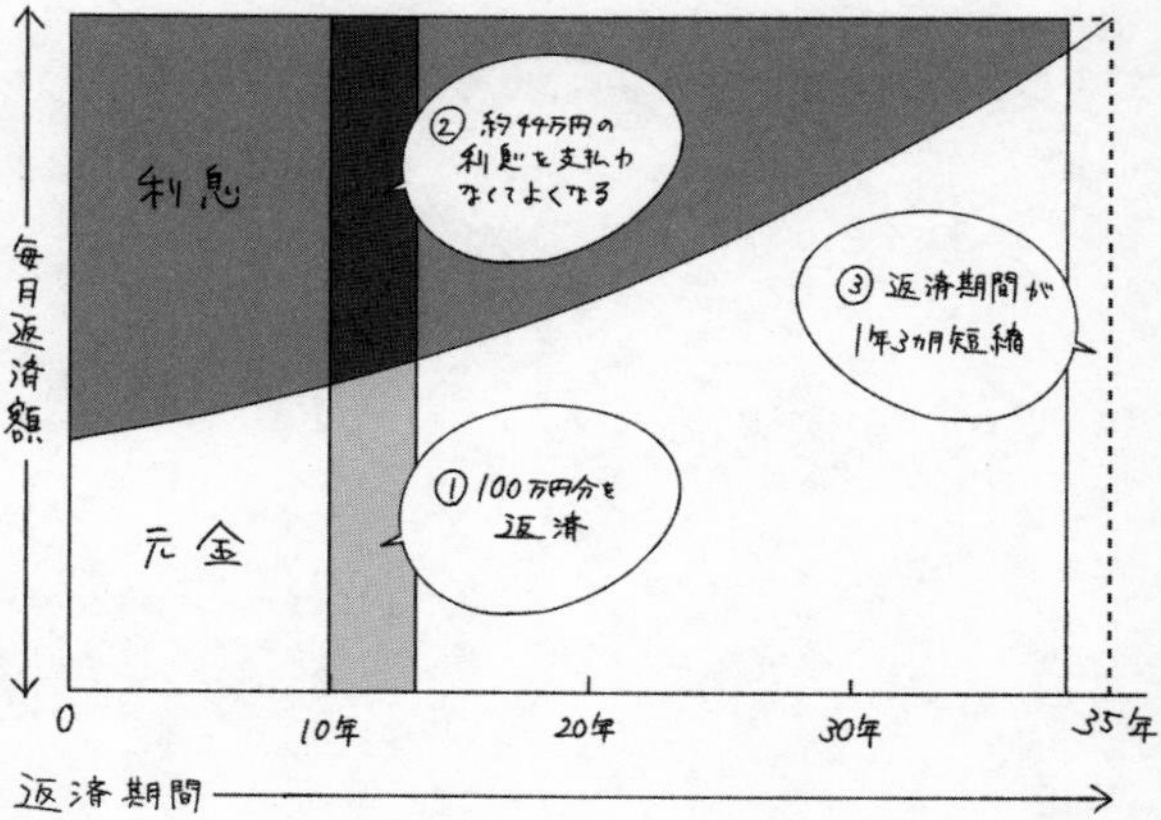

第4章

老後不安「3つの壁」の正体

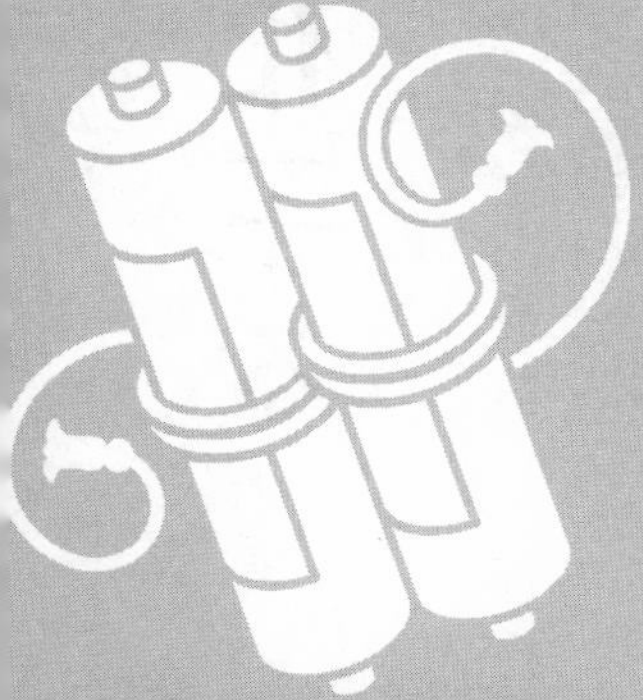

戦略31 MONEY STRATEGY

漠然とした不安を「可視化」する

「老後が不安」という人は多いです。

けれど、「何が不安なんですか?」と聞くと、ほとんどの人は、ちょっと考えてしまい、すぐには答えられません。

なぜなら、いろいろな不安が頭をよぎるからです。

減りそうな退職金、満足にもらえない年金、少ない蓄《たくわ》え、最近だるい身体、働かない子供、言葉が通じない妻、仕事がない自分、うるさい親戚……いろいろなことが一度に頭をよぎり、どうすればいいのかわからなくなり思考停止してしまう。

それでは、根本的な解決になりません。

まず、そうした不安を、思いつく限り紙に書き出してみましょう。

老後のお金のことについては、すでに、第1章・2章でかなり説明しているので、「すぐに節約して、今のうちに家計を小さくしてお金を貯め、年金の範囲内で暮らせるようにしよう」などという方針が見えてきた人もいることでしょう。

ただ、豊かな老後を迎えるためには、**「お金」以外にも、解決しておかなくてはならないこと**があります。

■豊かな老後を阻む「3つの壁」の正体とは？

多くの収入が望めなくなっているご家庭では、稼ぎ手を増やすということが、幸せな老後には欠かせません。稼ぎ手とは、主に「子供」「妻」「夫」。

ところが、「子供が働けない」「妻が働けない」「夫が働けない」というご家庭が、増えています。

念のために言いますが、「働かない」のではなく「働けない」のです。

もちろん、病気や怪我をして働けないということもあるでしょう。けれど、病気や怪我だったら、治ればまた働くことができるようになるので希望が見えます。また、親の遺産が潤沢にあるとか、すでに一生困らないくらいのお金は持っているという人については、家族で働く必要もないでしょう。

けれど、普通のご家庭では、働けるはずなのに働くことに前向きになれない子供や妻、夫がいると、希望が持てないだけでなく、事態はどんどん深刻化します。

親の年金を食いつぶしていく子供や、世間知らずで浪費グセが直らない妻、会社でプライドをへし折られて働く気力を失った夫。そんな家庭だと、将来への希望はなかなか見えてこないでしょう。なけなしの貯金を食いつぶし、惨《みじ》めな老後になっていくのではないかという不安は、時が経つにつれて増幅されていきます。

今の時代、働く子供、妻、夫は、豊かな老後に必要不可欠。逆に、**働けない子供、妻、夫は、豊かな老後を阻《はば》む3つの壁となります。**

とくに「働けない子供」がいて、大人になっても親元を離れることができないと、親は一生その子供の面倒を見なくてはなりません。親が元気なうちは、それでも年金で食べさせてあげることができるかもしれませんが、親が亡くなり、それほど遺産がないと、路頭に迷うことになるかもしれません。

もし、「我が家はみんな自立して稼いでいるから、そんな心配とは無縁だ」というご家庭なら、この章は飛ばして先に進んでください。

そうでなければ、最後までお付き合いいただきたいと思います。

豊かな老後には、「お金」も大切ですが、それ以上に「自立した家族関係」が大切になってきます。

みなさんが心に描く豊かな老後とは、どんなものでしょうか。たぶん、家族の笑顔に囲まれ、自分も笑顔でいられる老後ではないでしょうか。

そんな老後を迎えるために、もし子供や妻、夫が、豊かな老後を阻む「3つの壁」となるなら、今からその対処方法を考えておくべきでしょう。

戦略32 MONEY STRATEGY

「ひきこもり」を理解する

学校にも会社にも馴染めず、大人になっても独り立ちできない人が増えています。

もちろん、精神的になんらかの疾患を負っている場合は、障害認定をしてもらい、「障害年金」などを支給してもらえれば、それで治療することも可能です。

けれどそうではなく、学校でいじめにあったり、会社に入社したにもかかわらず仕事の過酷さや上司に馴染めずに辞めて、そのまま家庭に引きこもってしまうと、親もどうしていいのかわからない。

「ひきこもり」は病気ではないので、医者に治してもらうわけにもいきません。

■ひきこもってもできる仕事は増えている

政府の調査では、15歳から39歳までで、求職活動もせず、家事の手伝いや通学などもせず、出かけるといっても近所のコンビニ程度でひたすら家の自分の部屋に閉じこもっている、一般的に言われる狭義の「ひきこもり」の若者は、約17・6万人。普段は家にいるが、自分の趣味に関することだけ出歩くという広義での「ひきこもり」の若者は36・5万人で、合計すると54・1万人もいるそうです。

40歳から64歳までだと、この数はさらに多くなり、狭義での「ひきこもり」が36・5万人、広義の「ひきこもり」が24・8万人で、合計で61・3万人いると推測されています。

つまり、社会に出て働いているはずの115・4万人が、じつは、「ひきこもり生活」をしているということです。

日本の15歳から64歳の人口（生産労働人口）は約7509万人（2020年「国勢調査」）ですから、そのうちの115・4万人が「ひきこもり」ということは、**65人に1人は「ひきこもり生活」をしているということ。**調査の年度が違うのであくまで目安ですが、けっして少ない数ではないし、珍しいことでもないということです。

家にひきこもって社会に出ていかない理由は十人十色ですが、「ひきこもり」になる原因の多くが、挫折体験だと言われています。

学校でのいじめ、職場でのパワハラ、受験の失敗など、さまざまなつらい経験から社会に出られなくなってしまった人たちです。

それだけに、「ひきこもり」を克服するのは大変なことで、親もいろいろな方法を模索してきたでしょうし、当の本人もずっと苦しみ続けてきたことでしょう。

だとしたら、**無理に社会に出ることを考えず、「ひきこもり」ながらできる仕事を探すというのも、ひとつの方法ではないでしょうか。**

親は、子供よりも早くこの世を去ります。親でさえ家にいる子供を外に出すことができなかったら、親がいなくなった後に誰かが外で働くようにすることは不可能かもしれません。だとすれば、「ひきこもり」でも生活できる生活力を、今のうちに身につけさせることが最善の方法かもしれません。

幸か不幸か、コロナ禍で、人に接触しなくていい環境ができつつあります。

¥ ひきこもりの実態 ¥

		全国の推計数（万人）	
		満15歳～満39歳	満40歳～満64歳
広義	ふだんは家にいるが自分の趣味に関する用事の時だけ外出	36.5	24.8
狭義	ふだんは家にいるが近所のコンビニなどには出かける	12.1	27.4
狭義	自室からは出るが家からは出ない、又は自室からほとんど出ない	5.5	9.1
計		54.1	61.3

ポイント

- 「ひきこもり」はどの年齢層にもどの立場の人にも見られる
- ひきこもり状態になるきっかけは「退職」がもっとも多い

※内閣府ホームページをもとに作成

戦略33 MONEY STRATEGY

親がいなくなっても、生きていける子供にする

稼ぐことができない子供が家にいると、親の老後はそれだけで資金不足になり、危うくなります。

今、「8050問題」が、深刻化しています。80代の親が年金で50代のひきこもりの子供を支えているケースです。

これでは親が亡くなると、子供はまともに暮らせなくなる。そうなると、「生活保護」を受けなくてはならなくなります。

けれど、生活保護を受けるには、次のような条件が必要になります。

① 預貯金や土地、家、車などの資産を持っていない。

② 「病気」や「怪我」などの理由があって働くことができない。

③ 生活保護以外に、年金や手当などの公的支援制度が受けられない。
④ 親族からの援助が受けられない。

「ひきこもり」だと問題になりそうなのが、①と②。親が土地や家などの資産を残してくれていると、それを処分しなくてはなりませんが、そこでお金が入ってくると生活保護の対象にならないかもしれません。

また、「病気」や「怪我」という明確な理由ではないので、対象になりにくい。

ですから、やはり自分の力で稼いでいくことを考えるべきでしょう。

■仕事探しにはクラウドソーシングを活用

新型コロナウイルスの蔓延という状況の中で、リモートワークが盛んになってきています。

ですから、まずネットの「クラウドソーシング (crowdsourcing)」を覗いてみましょう。

「クラウドソーシング」とは、不特定多数の人 (crowd) に業務委託 (sourcing) するマッチングサイトで、仕事をやってほしい企業と仕事をやりたい人の出会いの場として急拡大しています（196ページを参照）。

世界最大のクラウドソーシングは「Upwork（アップワーク）」というサイトで、約1000万人の人が登録し、約400万社の企業が仕事の発注をしています。日本にも、「クラウドワークス」や「ランサーズ」など、たくさんのクラウドソーシングがあります。

これからは対面しなくても、ネットで仕事だけを業務委託する企業は増えていきますから、今から慣れておくといいでしょう。会社員の副業探しとしても有効です。

■「自分の食い扶持は自分で稼ぐ」ことを教える

リアルに仕事を探すという人は、ハローワークを活用しましょう。職員に希望を伝えれば、相談に乗ってもらえます。また、部屋探しや履歴書の書き方、就活に役立つセミナーなどもあるので、意欲が出てきたら参加しましょう。

都道府県が主体となって設置する「ジョブカフェ」も、若者の就職支援をしています。ハローワークを併設しているところもあります。

49歳以下の方であれば、厚生労働省の委託を受けたNPO法人や企業が、就職支援している「地域若者サポートステーション」という施設もあります。15歳から49歳を対象とし、コミュニケーション訓練や企業の就労体験などの機会も提供している、全国の都道府県に設置された施設です。

これらに加えて、市区町村の障害福祉窓口を通じて申し込むことができる「就労移行支援事業所」というサービスもあります。

人と会うのが苦手で、こうしたところにさえも行きたくないという人は、人と会わずに働ける深夜のガードマンや清掃業など、黙々とできる仕事を探しましょう。

警備会社の中には、「ひきこもり」の経験者でもオーケーで、50代で一度も働いたことがなかった人でも働ける会社もあります。

早い段階で、自分の食い扶持くらいは自分で稼ぐ術《すべ》を、子供に学ばせましょう。

戦略34

「働ける妻」に、夫の苦労を理解してもらう

「夫は外で稼ぎ、妻は家を守る」というのは、昭和の家庭では普通でした。けれど、夫の給料が下がる状況では、この生活パターンは通用しづらくなっています。

昭和の高度成長の中では、夫は家庭も顧みずに「企業戦士」として働かなくてはなりませんでした。けれどその見返りとして、会社の福利厚生は充実し、「年功序列」「終身雇用」で退職金や企業年金も充実していて、死ぬまで家族の生活は守られました。大家族が多かった時代、「企業戦士」の夫を外で十分に働かせるために、妻は、舅《しゅうと》や姑《しゅうとめ》、子供の面倒を一手に引き受けました。家事は、今のようにボタン一つで洗濯機が洗濯から乾燥までしてくれ、掃除はルンバ任せというようなお気楽な状況ではなく、妻は朝から晩まで家族のために、身を粉《こ》にして働かなくてはなりませんでした。

ですから、昭和の「専業主婦」は超忙しく、働きに出ることなどできませんでした。その代わり、夫の稼いでくるお金で、生活は成り立っていました。

では、今はどうでしょう。

「厚生労働省の「国民基礎調査」(2019年)を見ると、**昭和のあいだは上がり続けていた世帯年収が、平成になって下がりました。**

しかも、この間に「年功序列」も「終身雇用」も徐々に崩れ、50代を過ぎると役職定年で給料がダウンするのが当たり前になっています。

■妻が働くお金以外のメリット

昭和の家庭では、「妻子を食わせるのは夫の甲斐性」と、父親が息子に教えて育てるというケースが多かったので、今の50代には、給料が減って生活は苦しくなってきているけれど、妻に働けとはいえない人が多いようです。

妻のほうも、ずっと専業主婦だった母親の背中を見て育っている人が多いので、結婚したら家庭に入り、「夫に養ってもらうのが当たり前」と思っている人もいる。しかも、長いあいだ「専業主婦」をしてきたので、働きに出るのが怖い。けれど、子供の手が離れたら、働きに出る方法を考えたほうがいい。なぜなら、2人で働かないと、豊かな人生が送れない時代になってきているからです。

妻が働くことの大切さは、お金を稼いで家計を楽にするだけではありません。バブル崩壊以降、夫は会社で過酷な労働に耐え、リストラの恐怖にさらされながらも必死に歯を食いしばり、涙をこらえて働き続けてきました。

ただ、バブル期に結婚退職した妻の中には、未だにバブル期の感覚が抜けず、夫の会社での苦労を知らないという人もいます。けれど、生活感のギャップが大きいままだと、長い老後をお互いに理解し合い、支え合って生きていきづらい。

ですから、妻も働きに出ましょう。働きに出れば、辛い目にも遭うし、嫌な人とも付き合わなくてはいけない。そんな社会の荒波を妻も体験してこそ、会社で悲惨な思いをしてきた夫を理解し、お互い支え合い、心が通う豊かな老後生活を送れるのです。

共働き世帯数の推移

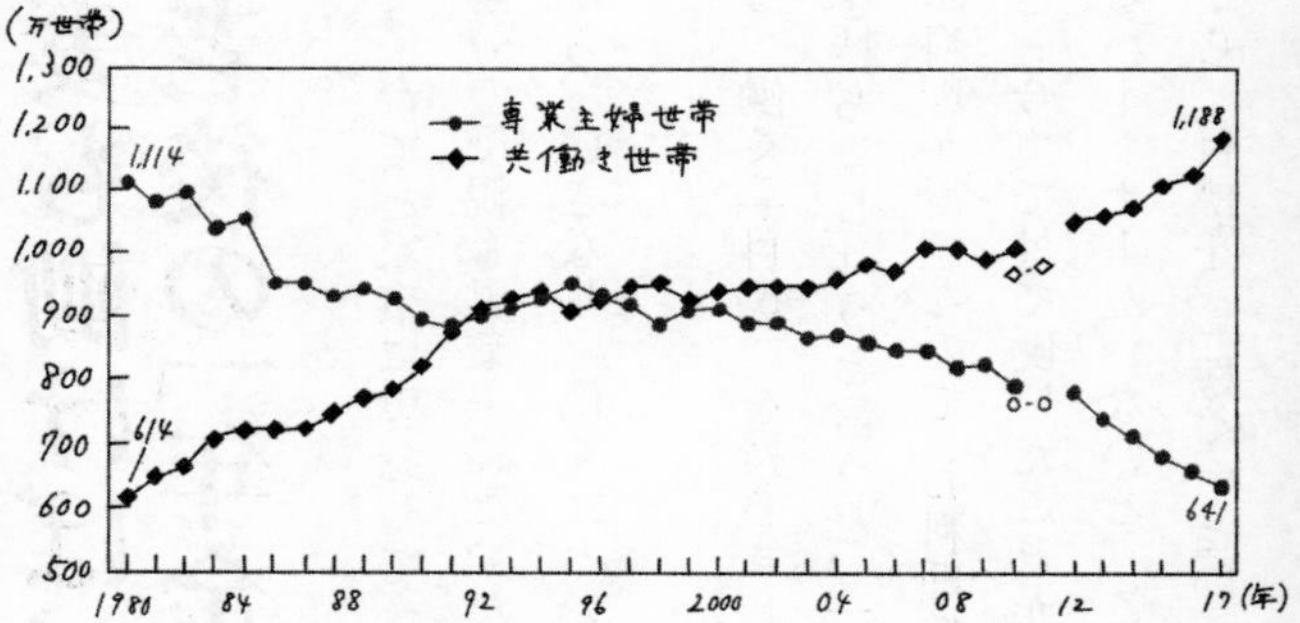

1世帯当たり平均所得金額の変化

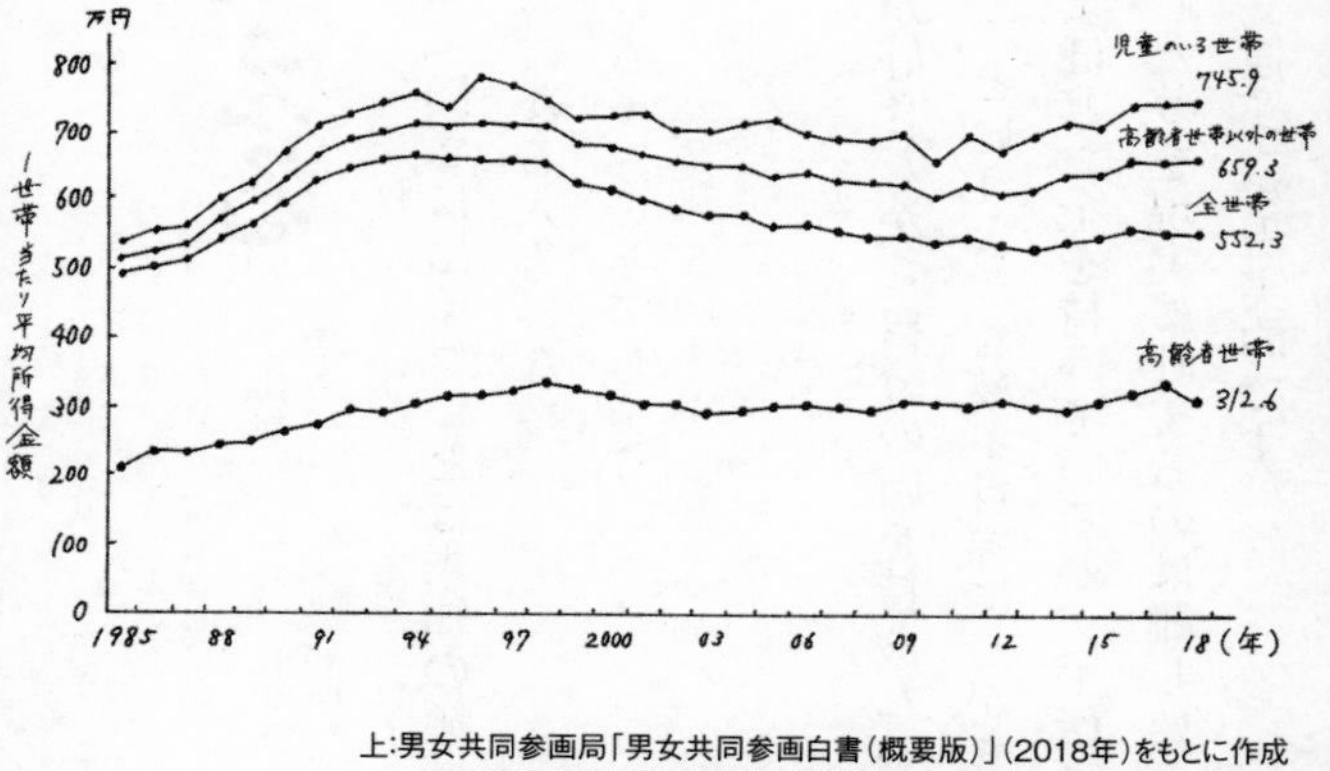

上:男女共同参画局「男女共同参画白書(概要版)」(2018年)をもとに作成
下:厚生労働省「国民生活基礎調査の概況」(2019年)をもとに作成

戦略35 MONEY STRATEGY

妻も働けば、老後の「年金」が増える

今まで子育てと家事に専念してきた妻にとって、「働きに出る」ことは未知の領域です。自分の母親も専業主婦だったら、身近に参考になる人もいない。

ですから、いきなり「働く」というのには戸惑いも多いことでしょう。

まずは、働く「目標」を持ちましょう。

目標を持ちましょうと言うと、「お菓子づくりが好きだから自分の店を持ちたい」とか、「お料理が得意なので、お料理教室をやりたい」というような夢を目標にしがち。けれど、今まで外で働いたことがない人だと、よほどお金を持っているか、手伝ってくれるパートナーがいないと、こうした漠然とした夢を現実に叶えるのは難しい。

ですから、目標を、「稼ぐ」というところに置いたほうが現実的です。

たとえば、58ページで「資産の棚卸し」をし、住宅ローンがまだたくさん残っているとしたら、それをいつまでに返すのか、そのためには毎月どれくらい稼がなくてはいけないかといった目標を立て、パートで稼いだお金をそこにあてる。

こうして、自分の働きで住宅ローンの残高が着々と減っていくのを見れば、夫も評価してくれますから、多少嫌なことがあっても働き続けられるのではないでしょうか。

■かつての「103万円の壁」は「150万円の壁」になった

妻がパートで働く時には、気をつけなくてはいけないことがあります。

以前は、サラリーマンの妻や青色申告、白色申告の事業従事者でない自営業者の妻は、年収が103万円以下なら、夫の所得から38万円の配偶者控除を差し引くことができ、141万円までなら配偶者特別控除も使えました。

しかも、年収が103万円になると、所得税も支払わなくてはならないので、「収入は103万円にならないように働く」という人が多くいました。

そこで「103万円の壁」という言葉がありましたが、**この「103万円の壁」が、**

2018年から、150万円まで大幅に上がりました。

そこまで稼いでも、夫には38万円の配偶者控除、配偶者特別控除がつくようになったからです。さらに、150万円を超えても、201万円以下なら、配偶者特別控除がつくようになりました（ただし、夫の年収1220万円まで）。

■「130万円の壁」の正体は、社会保険料

サラリーマンの妻が働くなら、「150万円の壁」の前に「130万円の壁」が大きくそびえています。これは、税金ではなく、**社会保険料の壁**です。

自営業者の妻は、もともと自分で国民年金、国民健康保険の保険料を支払っていますが、サラリーマンの妻は、パートの収入が129万9999円までなら夫の扶養に入っているので、国民年金、健康保険の保険料は、自分では一銭も支払わなくても、病気や怪我をしたら健康保険が使えるし、将来は、年金をもらうことができます。

ところが、この妻の収入が130万円になったとたんに、それまで払わなくてもよ

かった約25万円の国民年金保険料、健康保険料などを、自分で支払わなくてはならなくなります。そうなると、**実質的な手取りが減ってしまうことになります。**

もう一つ、2016年10月からは、パートでも週20時間以上、賃金8万8000円以上（年収約106万円以上）、勤務期間が1年以上の人は、会社の社会保険に入らなくてはならなくなりました。

2016年のスタート時点での対象は、従業員501人以上の企業でしたが、**2022年10月からは従業員数101人以上の企業が対象になります。さらに、2024年10月からは51人以上の会社が対象になります。**

会社の社会保険制度に加入すれば、将来もらえる年金額が増えるし、病気や怪我で休んでも手厚い保障があります。ただ、そのぶん、給料から保険料を差し引かれるので、手取り額は減ることを覚えておきましょう。

戦略36

「働けない自分」の気持ちを切り替える

70歳まで働く時代になりつつあります。

日本中が新型コロナで大騒ぎになっていた２０２０年３月、「高年齢者雇用安定法」の改正法が賛成多数で可決・成立しました。これに従って、**２０２１年４月から、企業の努力義務ではありますが、本人が望めば会社は70歳まで雇うことになりました。**

さらに、42ページの「75歳まで繰下げ受給できる」という制度も２０２２年４月からスタートしています。年金70歳支給を前提とした改正です。

加えて、60歳から64歳までは年金と給料の合計が月額28万円を超えると年金がカットされましたが、同じく２０２２年４月からは、**47万円までならカットされなくなりました。**

ただ、「この会社で70歳まで働くのか」と思うと、気持ちがふさぐ方も多いはず。

今まで、会社でもバリバリ働いて先陣を切っていた。けれど、50代になって役職定年になると、第一線の仕事から外れ、後輩たちも役職を解かれた自分に気を使う。60歳を過ぎて定年延長で会社に通ってくる先輩を見ていると、給料は激減し、「気楽でいい」と笑いながらも、仕事仲間から声をかけられることが徐々に減っていってなんとなく寂しそうに見える。

■50代は心の立て直しを第一に考える

50代になると、会社では役職定年になるところが多く、更年期障害での筋力低下、疲労感も重なって、重いどんよりとした気持ちになりがち。人生を前向きに考えられなくなってしまうという方が意外に多いようです。

しかも、大きな企業ほど幹部候補生とそうでない人が50歳から55歳までのあいだにはっきりと分かれ、幹部候補生でない人は、いつでもやめていいよと言わんばかりに、片道切符で子会社に出向になったり、会社に残っても給料が激減します。

そうなると、心が鬱々《うつうつ》として沈む。心が沈むと、体も機敏に動かないし、気が滅入って、食欲もなくなり、眠れなくなり、心も体も常に重くだるくなるという悪循環に陥ります。こうしたことから、「うつ病」に陥っていく人は少なくないのだそうです。

長年かけてキャリアを積み上げてきたのに、役職定年で精神的にも肉体的にもダメージを受け、プライドもズタズタになって疲労感だけが蓄積し、「もう、働きたくない」ということになる。

そこから抜け出すには、まず、心から立て直しましょう。

■会社はあなたの「愛社精神」に報いてくれない

どんなに偉くても金持ちでも、いつかは死にます。

「人生１００年」と言いますが、健康で生きられる期間は、意外と短い。介護が必要なく生活できる「健康寿命」は、男性72・６８歳、女性75・３８歳。**50歳を過ぎた男性なら、約20年間ですから、そこをどうやって楽しく暮らすかを考えれば、くよくよ悩んでいる時間はないでしょう。**

会社で先が見えてしまい、辛い気持ちになっている人は、今までの自分を振り返り、なぜ、疲れ切るまでこんなに頑張ってきたのかを考えてみましょう。

「愛社精神」だけでなく、「他人に後ろ指をさされたくない」「自分は有能で誰よりも仕事ができる」、そんなプライドが、支えになっていたのではないでしょうか。

けれど、会社で働くことが重荷になってきているとしたら、「愛社精神」も「プライド」も捨てたほうがいい。

会社は、あなたの「愛社精神」に報いてくれるでしょうか。

会社というのは、利益追求のための組織です。**もし、会社があなたの「愛社精神」に報いてくれるとしたら、給料がもっと上がっているはずでしょう。**

会社は、あなたが居ないと仕事が回らなくなるでしょうか。たぶん、あなたが辞めても、他の人があなたの代わりに充分に穴埋めをしていく。組織とは、そういうもの。だとしたら、そんな会社を、あなたが「クビ！」にしてもいいのです。

戦略37

これから20年を、ソン・トクで考える

今、あなたが考えなくてはいけないのは、現実的な観点から、この会社に居たほうがトクなのか、辞めて新しいことを始めたほうがトクなのか、ということです。

そのために、会社に居ることのメリットとデメリットを、1枚の紙に書き出してみましょう。なぜ、1枚の紙かといえば、1枚に書くと、メリットとデメリットのどちらが大きいか判断しやすいからです。

会社に残るメリット

・仕事を失うリスクがなくなり、収入が確保できる。
・「厚生年金」「健康保険」に加入できるので、社会保障が手厚い。
・有給休暇や各種休暇など、勤続年数に応じて取れる休みが増える。

・慣れた仕事の延長で、今のスキルでやっていけるので楽だ。
・企業が有名企業なら、娘が結婚する時や金融機関からお金を借りるのに有利。

会社に残るデメリット

・役職定年などで、給料が下がる。
・役職定年で、部下の下で働かなくてはならなくなるかもしれない。
・会社が傾いたら、会社と一蓮托生《いちれんたくしょう》の人生になる危険性がある。
・嫌いな調子のいい同僚が、自分よりも出世していくのがたまらなく嫌だ。
・50代なら転職できても、60代になると転職も起業もできなくなりそうだ。

一例ですが、こうやって実際に書き出してみると、漠然と考えているよりも**現状認識がしっかりできて、自分が本当はどうしたいのかが見えてくるはずです。**

もし、会社に居続けるなら、期間と目的をはっきりさせ、会社にいるあいだにスキルアップなどもしておきましょう。

サラリーマンなら、厚生労働大臣指定の教育訓練講座を受講してこれを修了すると、**受講にかかった費用の20％（4000円以上、上限10万円）を戻してもらえる「教育訓練給付制度」が使えます。**

たとえば、資格を取るのに20万円かかったなら、受講後に領収書と教育訓練証明書を発行してもらってハローワークに申請すれば20％にあたる4万円が戻ります。

3年間以上雇用保険に加入していれば使えますが、初回は、雇用保険に1年以上加入していれば使えます。また、会社を辞めても離職後1年以内なら利用可能。

■「希望退職」を考えるべき理由

もし、会社に居てもソンのほうが大きそうだったら、会社を辞めるのもアリです。

いきなり辞めるのではなく、会社で給料をもらいながら着々と辞める準備をする。

そして、もし会社の業績が悪くなって、「希望退職」を募《つの》るようなことになったら、会社を辞めるチャンスが来たということです。

会社が募る退職には、希望退職と「早期退職」があり、どちらも退職する時に割り増しの退職金を支払われるケースが多いです。

ただ、希望退職と早期退職は、まったく別ものと思ったほうがいいでしょう。

希望退職は、会社の業績が悪いので人減らしのために退職者を募るものです。ですから、多くの場合、「会社都合」の退職となります。会社のピンチに対応するものなので、期間限定のケースも多く、退職に応じないという選択もできます。

いっぽう、早期退職は、会社の活性化のために常に退職者を募集しているところが多く、応募した人は「自己都合」の退職となります。

退職する時に、「会社都合」と「自己都合」では、失業保険から給付を受ける時に、雲泥の差が出てきます。会社都合だと、書類を提出してから7日間待機すれば給付が始まりますが、自己都合では、さらに2ヵ月待たなくてはなりません。しかも、もらえる金額も、会社都合のほうが多くなります（詳しくは195ページ表）。

ですから、できれば「希望退職」を狙いましょう。

戦略38

MONEY STRATEGY

豊かさの定義を見直そう

「豊かさとは、多くの富を所有することにあるのではなく、少ない欲求のみを持つことにある」

「賢者は、ないもので嘆かず、あるもので楽しむ」

これは、古代ギリシャの哲学者エピクテトスの言葉です。

じつは、同じような言葉を、中国の思想家の老子《ろうし》が残しています。

「足るを知る者は富む（知足者富）」。満足することを知っている者は、たとえ貧しくても精神的には豊かで幸福だということです。

今まで、会社員の多くは満員電車で会社に通い、そこで身を粉にして働き、家に帰ると疲れ切ってしまって、風呂に入って食事をしたら寝るという生活を強いられてきました。ですから、妻に「フロ」「メシ」「ネル」しか言わない夫が増え、そんな夫が定年になって家にいるので、離婚したいという妻が急増した時期がありました。けれど、状況はコロナ禍で、大きく変わりました。

■収入は減っても精神的な豊かさが手に入る時代

リモートワークで通勤時間が減り、残業もなくなりました。ストレスの原因ともなっていた、嫌いな上司や部下との接触も減りました。週休3日という企業が増えただけでなく、みずほ銀行のように、週休4日でもいいというところも出てきました。

ただ、その代わりに、収入は減っています。その収入を、どうやって補っていくかは第5章で詳しく述べますが、リモートワークが、ゆとりの時間を持たせてくれたのです。

徳島県の山の中に、神山町《かみやまちょう》という小さな町があります。県庁所在地の徳島駅から、バスで約65分。人口が5000人を切る山の中の小さな町に、最先端のＩＴ企業のサテライトオフィスが集まっています。

２００4年に、ケーブルＴＶ兼用光ファイバー網が整備され、２０１０年頃から、ＩＴベンチャー企業が町の古民家をサテライトオフィスとして活用し始めました。

また、20年前から国内外のアーティストを招いて夏の２ヵ月ほど滞在してもらい、作品を制作してもらう試みも続けてきました。その結果、外国人が住み着き、おしゃれなビストロやカフェができました。オランダから来て醸造所を開く人やイギリスから来て徳島市の中学校で英語を教える外国人なども移住し、小さな町なのに外国人比率が高く、国際的になりました。

この町に住んでいるＩＴのサテライトオフィスの方に聞くと、「古民家一軒月３万円で、畑付き。早朝に畑の世話をしてから歩いてオフィスに。昼食は家に帰って家族と食べ、午後の仕事が終わったら川で釣りをして、夕食は家族や友人たちとワイワイとホームパーティなんかをしています」とのこと。

やっている仕事内容は東京の本社とほぼ同じなのだそうですが、満員の電車通勤も不毛な会議もないので、ストレスがなく、子育てにも最適な環境だとのことでした。

子供と触れ合う時間、妻と会話する時間、家族で楽しむ時間、そうしたものの大切さを再認識させ、ワークライフバランスを改善し、時間の価値を高めてくれるのがリモートワークかもしれません。今まで仕事と両立できなかった育児や介護、病気療養などが、離職しなくても可能になったのも大きなメリット。

総務省の「通信利用動向調査」（2020年）を見ると、2020年にテレワークを導入している、もしくは導入予定がある企業は58・2％。2018年が26・3％でしたから、急激に伸びていることがわかります。

収入は減っても精神的な豊かさが手に入る、そんな時代は遠くない！

そう考えれば、**「今の仕事をしながらキャリアを磨き、好きなところに住もう」という目標ができて、そのために会社を徹底的に利用しようと思えるかもしれません。**

戦略 39

将来に、希望が持てる計画を立てる！

今、東京を離れる人が増えています。

２０２１年の東京23区からの転出者は約38万人で、転入者の36万５１７４人を上回りました。転出者が転入者を上回ったのは、総務省にデータがある２０１４年以降では初めてのことです。

コロナ禍でリモートワークの浸透などにより、東京に住む意味が薄れてきたからでしょう。

いっぽうで、東京の郊外や神奈川県、埼玉県、千葉県などの近隣県では、転入者が増えています。さらに、関東甲信越などに移住する動きも鮮明になっています。

■移住するなら、2024年までに

国も、東京都に人口が一極集中しないための政策を打ち出しています。「移住支援金」といって、2024年度までに地方に移住すれば、**最大100万円の補助金がもらえます。移住先で起業すれば、この補助金に「起業支援金」最大200万円がプラスされ、最大300万円になります。**

さらに、これとは別に、移住者に補助金を用意している自治体も増えています。詳しくは、一般社団法人「移住・交流推進機構」のホームページで検索してください(https://www.iju-join.jp/support_search/index.html)。

たとえば、山形県の遊佐町《ゆざまち》では、町内で販売されている建売や中古住宅を、定住目的で購入した場合には、取得費用の12%、最大120万円までを助成しています。40歳未満、もしくは移住者だと、最大140万円を助成しています。

北海道の上川町《かみかわちょう》では、町内で住宅を新築したら100万円を限度に補助金が出ますが、移住・定住するなら、最大250万円の補助金が出ます。

長崎県の東彼杵町《ひがしそのぎちょう》では、空き家バンクを利用して空き家を借りて、これを改修して住む場合、最大100万円の奨励金が出ます。

■会社は辞めようと思えばいつでも辞められる

親が高齢化していて、介護が心配だという人は、リモートワークが可能なら、親の近くに住むという選択もあるでしょう。

自治体にとっても介護は大きな問題ですから、**親世帯との同居や近居を望む人には支援するというところが出てきています。**近居とは日常的な行き来ができる〝スープの冷めない距離〟に住むことで、同居よりハードルが低いです。

たとえば、神奈川県厚木《あつぎ》市の「親元近居・同居住宅取得等支援事業補助金制度」は、親世帯が厚木市在住で、子世帯が市外から転入する場合、同居用の住宅購入だと60万円、近居なら40万円が補助されます。リフォームは費用の1割で上限20万円。ほかにも子世帯に中学生以下の子供がいる、子世帯の世帯主または配偶者が40歳未満など4

つの条件を満たすと、それぞれ10万円ずつ加算され、最大100万円になります。

千葉県松戸《まつど》市も「三世代同居等住宅取得支援」で、親世帯が松戸市在住、子世帯に中学生以下の子供がいることなどの条件をクリアすると、同居用の住宅購入には75万円、近居なら50万円の補助金が出ます。子世帯が市外から転入すると、ここに25万円が加算されて、最大100万円になります。

山梨県の鳴沢《なるさわ》村《むら》の「三世代同居等支援事業補助金」は、親世帯と子世帯両方、もしくはどちらかの転入による同居・近居でも補助金が出ます。条件は子世帯に中学生以下の子供がいること。補助金は住宅購入なら、同居でも近居でも費用の2分の1で、新築なら上限100万円、中古なら80万円。同居なら改修でも補助金が出ます。

会社は、辞めようと思えばいつだって辞められる。**自分が会社を「クビ!」にすればいいだけ。**

それに気づけば、楽しい将来の計画をいろいろと立てる気力が湧いてくるはず。

戦略40

豊かな老後に大切なのは〝夫婦仲〟

「夫婦仲」がよくて、夫婦で健康なら、老後も豊かになるでしょう。別にラブラブでなくてもいいのです。相手の気持ちが察せられるような、一緒にいてもいろいろと相談できる夫婦なら、家計も一緒に助け合いながら運営していけるはずです。

たとえば、地方では車がないと生活できませんが、車の維持費というのは意外と高い。買う時に各種税金がかかり、買ってからも税金を払い、自賠責保険には必ず入らなくてはならないし、大きな事故を引き起こした時のことを想定すると、任意保険にも入っておかなくてはいけない。

さらに点検費用、車検費用など、整備維持にお金がかかります。加えて、ガソリン代なども高騰していますから、**維持費だけで軽く年間1台30万円を超えます。**

公共の交通機関が整備されていない田舎では、車は生活の必需品。ただ、お互いにスケジュールを話し合い、送り迎えをし合うことができるような仲良し夫婦なら、1台でもなんとかなるかもしれません。

■経済的に熟年離婚は悪手

夫婦仲は、老後の生活にも響きます。

「熟年離婚」という言葉があります。ひと昔前までは、定年退職した夫が妻にまとわりついて鬱陶《うっとう》しがられて嫌われるというケースが多かったのですが、最近は、夫も趣味が多く身の回りのことができるので、パートなどで疲れて愚痴《ぐち》を言ったり当たり散らしたりする妻と別れ、人生をやり直したいと離婚に踏み切るケースが多いそう。

ただ、**経済的に見ると、よほどの蓄えがない限り、離婚してもそれぞれが悠々自適で暮らしていくというのは難しいでしょう。**

今は、離婚したら、年金を夫婦で分割できる「合意分割制度」「3号分割制度」があります。

この分割の対象となるのは、会社員や公務員の基礎年金に上乗せされている、厚生年金部分です（２０１５年9月30日までの公務員の対象者は、共済年金部分）。

基礎年金や企業年金などは、分割の対象とはなりません。

会社員の夫と専業主婦の家庭なら、ざっくり言えば２人で20万円の年金を、10万円ずつ分けるというイメージです。

２人で20万円ならなんとか食べていけても、１人10万円で、アパートを借りて暮らしていくというのはかなり大変でしょう。

それよりは、破綻しそうな夫婦関係を修復する努力をしたほうが、幸せな老後を迎えられるのではないでしょうか。

■入院も介護も「世帯合算」でおトクになる

老後には、さまざまな予期せぬことが起きますが、そうした時も、１人よりは２人のほうが心強いでしょう。

たとえば、病気になった時。**1人で入院しても2人で入院しても、同じ保険なら、高額療養費制度が使えるので、たいした金額にはなりません**（79ページ参照）。

加入者が70歳以上の夫婦で課税所得が145万円未満なら、1人で100万円の入院費がかかっても支払い上限は5万7600円。2人でそれぞれ100万円ずつの入院費がかかって計200万円でも、支払い額は上限5万7600円で済みます。

通院も、1人でも夫婦でも、同じ保険なら上限は1万8000円です。

介護にも、世帯で合算できる同じような仕組みがあるのは、76ページで説明しました。現役並みの所得がある世帯の場合、1人でも2人でも、月にかかる**介護費用の自己負担の上限は4万4400円**。住民税を課税されていない世帯の場合には、**世帯で2万4600円になります。**

なかには、DVなど、やむを得ない事情で別れざるを得ないケースもあるでしょうが、そうでなければ夫婦仲を修復し、2人で楽しく生きていけるよう努めましょう。

第5章

老後資金の「稼ぎ方」

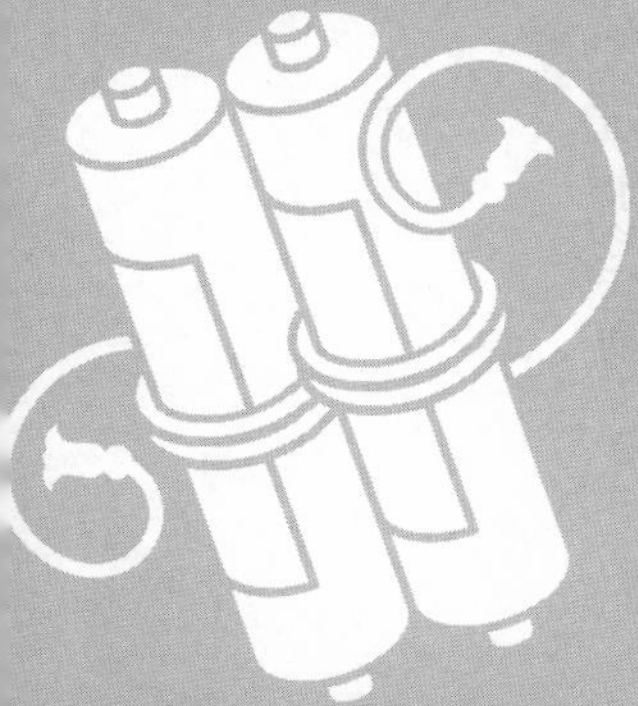

戦略 41

70歳まで会社で働く

みなさんは、何歳まで元気で働けますか？

日本人の平均寿命は、男性81・６４歳、女性87・７４歳。ですが、健康で活動できる「健康寿命」は、男性72・６８歳、女性75・３８歳。

そのあいだ、働かずに遊んで暮らせるという人は、ほとんどいないのではないでしょうか。

しかも、22ページで書いたように、50代のみなさんが老後に突入する頃には、年金は「70歳支給」になっている可能性がかなり高いのです。

だとしたら、誰もが、何らかのかたちで収入を確保していくことが必要です。

■60歳を過ぎると賃金は大幅ダウン

50代のみなさんは、希望すれば今の会社で70歳まで雇ってもらうことができるようになるでしょう。

なぜなら、高齢者雇用安定法が改定され、努力義務ではありますが、2021年4月からは、本人が望めば70歳まで会社が雇用することになったからです。

これは、**年金の支給年齢を70歳まで引き上げるにあたっての布石《ふせき》**と考えられますから、「年金70歳支給」が本決まりになれば、現在の70歳まで雇う努力義務は義務に変わり、希望すれば誰もが、今の会社で70歳まで働けるようになると思います。

現在、社員が望めば65歳までの雇用が義務化され、企業によっては70歳まで働けるところもあります。けれど問題は、法律に賃金の規定がないこと。

今でも60歳を過ぎると賃金がガクンと下がる企業は多いですが、それがさらに低くなる可能性があるということです。

国税庁の「民間給与実態統計調査」(2020年)を見ると、男性の場合、55歳から

59歳までの平均給与は年686万円ですが、60歳から64歳は、522万円と2割ほど給料は減っています。

さらに、65歳から69歳は、406万円と、60歳から64歳に比べたら約2割減、55歳から59歳に比べると約4割減っています。

雇用形態で賃金の違いを見ると、60歳を過ぎると約6割は「嘱託」という扱いになるケースが多いようです。60歳からも「正社員」や「正職員」を続けられる人と、それ以外の嘱託などの扱いになる人の収入を比べると、**月給で嘱託などのほうが約3割も安くなっています。**

確かに、法的にはこの先70歳までは今の会社で働けるようになるかもしれません。けれど、同じ給料、同じ条件で雇ってくれるわけではなく、給料ダウンという厳しい現実があることを知っておいたほうがいいでしょう。

年齢階層別の平均給与

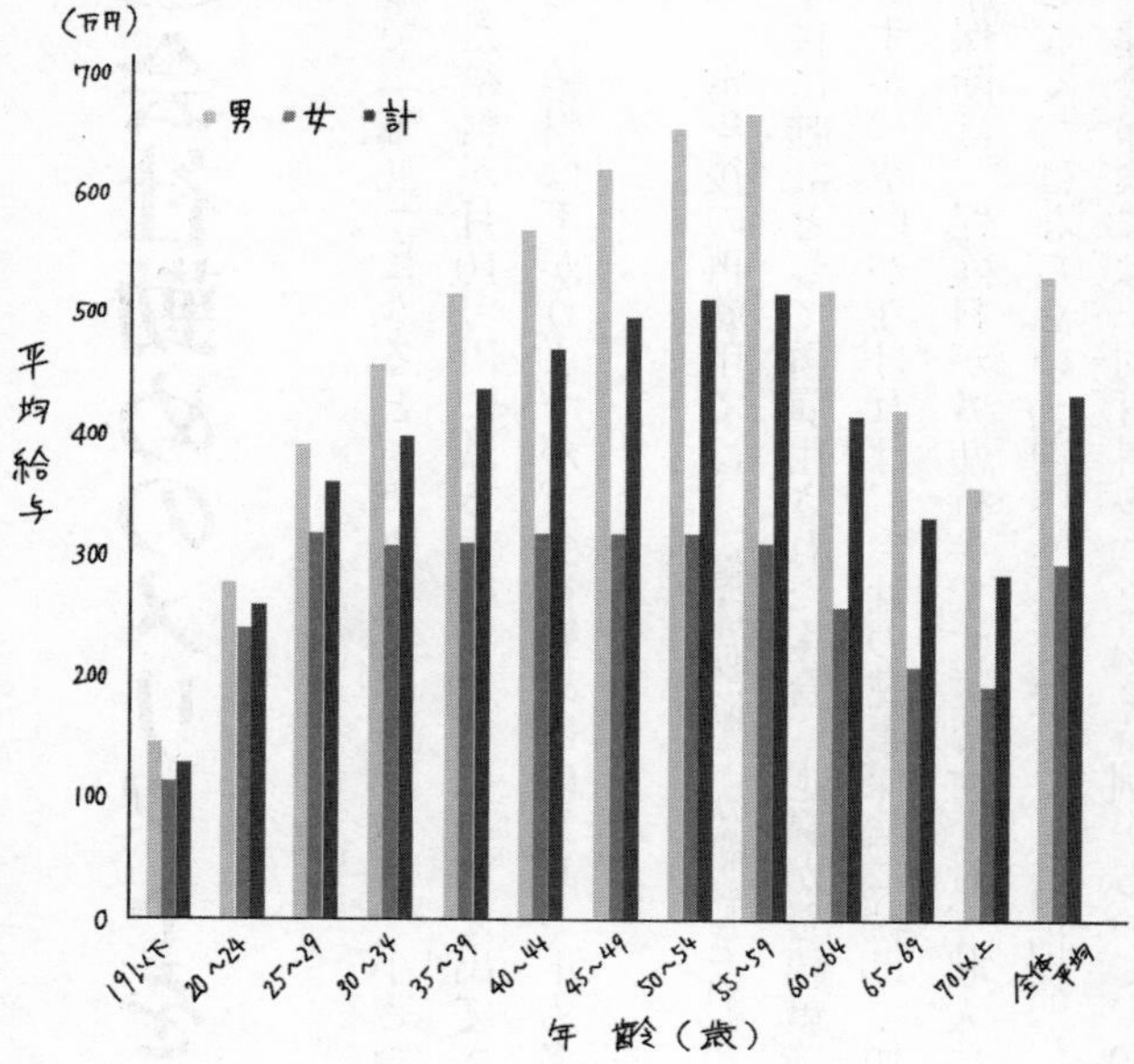

60~64歳　65~69歳　70歳以上

60~64歳	65~69歳	70歳以上
32万8,000円（正社員・正職員）	29万5,900円（正社員・正職員）	28万3,100円（正社員・正職員）
24万1,000円（正社員・正職員以外）	21万6,800円（正社員・正職員以外）	20万8,900円（正社員・正職員以外）

※（上）国税庁「民間給与実態統計調査」　（下）厚生労働省「賃金構造基本統計調査」（ともに2020年）

戦略42

会社勤めのメリットを知っておく

60歳で「嘱託」になると、ガクンと給料が減り、小さな会社では、それまで月30万円だった給料が月10万円に減るといったところさえ出てきています。

ただ、給料は下がりますが、会社勤めにはメリットも多いです。


まず、定年後の再雇用では、「健康保険」が継続されます。

定年後に嘱託として再雇用された場合、退職から再就職までの空白がないケースが多いですが、空白がなければ、会社の健康保険に続けて加入することができます。

健康保険は、保険料が労使折半です。ですから、収入にもよりますが、自分が全額負担しなくてはならない「国民健康保険」よりも負担額が低くなる可能性があります。

また、健康保険には「同日得喪《どうじつとくそう》」という特例があって、**60歳以上の方が継続して働い**

ていて給料が一定額以上下がったら、保険料の算出基準が変更されて、翌月からは保険料が安くなります。

健康保険に加入していると、病気や怪我で会社を休まなくてはならなくなった時に、国民健康保険にはない「傷病手当金」をもらって会社を休むことができます。

60歳を過ぎると、体にもいろいろと支障が出てくる可能性があるので、「傷病手当金」が使えることは、安心です。

■定年後すぐに働くなら「高年齢雇用継続基本給付金」

60歳で嘱託になると、たいていの場合は、それまでもらっていた給料の額よりも減ります。

そこで、給料が減ってしまった人を援助する制度がいろいろとあります。

「高年齢雇用継続基本給付金」「高年齢再就職給付金」「再就職手当」などです。

「高年齢雇用継続基本給付金」は、定年から間をおかずに働く方に対する手当で、60歳以降の賃金が、60歳時点と比べて75％未満になる時に出て、**たとえば61％未満にな**

るというようなケースでは60歳以降の賃金の15％が支給されます。61％より大きく75％未満なら、15％よりも少なくなります。

2ヵ月に1度の支給で、65歳まで最大5年間続きます。

「高年齢再就職給付金」と「再就職手当」は、いったん会社を辞めて失業給付をもらいながら職探しをし、給付の残り日数が100日以上または3分の1以上残っている場合に支給されるお金です。

■65歳の誕生日前の退職がおトク!?

もし「雇用延長」で65歳まで働く気なら、65歳になる1ヵ月前に会社を辞めたほうが、老後のためにもらえるお金の手取り金額が増えるかもしれません。

なぜなら、**65歳になる1ヵ月前に辞めると、「失業保険」と「老後の年金」の両方をもらえるからです。**

「失業手当」は、65歳未満で退職した場合には、65歳になって退職するよりも給付金が多くなります。

65歳未満で退職した場合、自己都合で退職したとしても、「失業手当」は90日から150日ぶんが支払われます。65歳を過ぎても働きたいという意欲があって職探しをすれば、失業手当の対象となるのです。

いっぽう、65歳を過ぎると、失業手当が「高年齢求職者給付金」という名前になって、一時金で30日から50日の手当しかもらえなくなります。

つまり、**65歳で退職して「高年齢求職者給付金」をもらうより、65歳の誕生日を迎える前に退職して「失業手当」をもらったほうが額は増えるかもしれない。**

さらに、人によっては60歳から65歳までの間に「特別支給の老齢厚生年金」(報酬比例部分)をもらうことができるのですが、これも、64歳11ヵ月で会社を辞めれば、もらえるかもしれません。

戦略43 MONEY STRATEGY

在職中に、稼げるスキルを身につける

「スキル」を身につけるというと、すぐに語学だとか、ITのようなものを思い浮かべ、自分には無理ではないかと思う。

けれど、よほどの必要に迫られない限り、50代になってわざわざ苦労して語学など習得しても、すでにスマホの翻訳アプリが出てきていますから、日本語で喋ればそこそこの質で通訳してくれます。

また、IT技術も日進月歩で、そこそこネットが使えれば事足ります。

■大切なのはビジョンと積み上げ

新たな技術を身につけるより、まず大切なのは、自分がやってきたことをバージョンアップし、持っている技術を鍛え直すこと。

たとえば営業職なら、今まで積み上げてきた「営業スキル」があります。それだけだと、ただ「営業ができます」ということ。将来、転職する時の武器にはならない。けれど、そこに〝顧客管理スキル〟を加え、パソコンを駆使して客の特性やニーズ、人脈、攻略法などを分析できれば、採用する人は「この人は違う!」と思うでしょう。

自分ではパソコンができなくても、パソコンが得意な人に「こうしたものをつくれないか」と相談し、つくってもらえばいい。そして、その操作方法だけを覚えれば、一からパソコンを習う必要はありません。

大切なのは、こうしたいというビジョンとスキルの積み上げが、自分の中にあることです。

■給付金の対象になる3つの教育訓練

今まで培《つちか》ってきたキャリアに、プラスアルファとしてそれが強化されるようなスキルを取得していくと、他の人と差別化できる「ひと味違うデキる人」になれます。

そのためには、１６４ページで紹介した「教育訓練給付制度」のほかにも、もっと専門的なスキルが身につけられるコースがあります。

受講にかかった費用の20％（上限10万円）を戻してもらえるというのが「教育訓練給付制度」ですが、**介護支援専門職など特定の職種の資格を取ると、受講費用の40％（上限20万円）が支給される「特定一般教育訓練」があります。**

さらに、２０１４年10月からは、従来の制度のほかに「専門実践教育訓練給付金」というコースができました。

これは、より専門的な知識を身につけるためのコースで、**年間56万円を上限に、かかった費用の最大70％が支給されます。**

会社に勤めながら資格を取るには、かなりの本気度が必要ですが、最近は週休３日、週休４日などという会社も出てきているので、不可能ではありません。

詳しくは、最寄りのハローワークに問い合わせてみてください。

教育訓練制度と給付金

専門実践教育訓練	特定一般教育訓練	一般教育訓練
① 業務独占資格などの取得を目標とする講座		
▷業務独占資格・名称独占資格の取得を目標とする講座 例：介護福祉士、社会福祉士、精神保健福祉士、看護師、保健師、助産師、美容師など	▷業務独占資格・名称独占資格・必置資格の取得を目標とする講座 例：介護職員初任者研修、介護支援専門員、大型自動車第一種・第二種免許など	▷公的職業資格・民間職業資格などの取得を目標とする講座 例：中小企業診断士、司書、英語検定、簿記検定など
② デジタル関係の講座		
▷ITSSレベル3以上の情報通信資格の取得を目標とする講座 ▷第四次産業革命スキル習得講座（経済産業大臣認定）	▷ITSSレベル2以上の情報通信資格の取得を目標とする講座 ※ITSSレベル3かつ訓練時間が120時間未満のもの含む	▷左記以外の情報通信資格の取得を目標とする講座
③ 大学院・大学・短期大学・高等専門学校の課程（①、②に該当するものを除く）		
▷専門職大学院の課程 ▷専門職大学・専門職短期大学の課程 ※大学・短期大学の専門職学科の課程を含む ▷職業実践力育成プログラム（文部科学大臣認定）	▷職業実践力育成プログラム（文部科学大臣認定） ※短時間（訓練時間が60時間以上120時間未満）のもの	▷修士・博士の学位などの取得を目標とする課程
④ 専門学校の課程（①、②に該当するものを除く）		
▷職業実践専門課程（文部科学大臣認程） ▷キャリア形成促進プログラム（文部科学大臣認程）	▷キャリア形成促進プログラム（文部科学大臣認定） ※短時間（訓練時間が60時間以上120時間未満）のもの	

教育訓練の種類	専門実践教育訓練	特定一般教育訓練	一般教育訓練
給付率	最大で受講費用の 70% ［年間上限56万円・最長4年］を受講者に支給	受講費用の 40% ［上限20万円］を受講者に支給	受講費用の 20% ［上限10万円］を受講者に支給

戦略44 MONEY STRATEGY

会社に「クビ」にしてもらう！

164ページで、「希望退職」と「早期退職」なら、希望退職のほうが有利だということを書きました。

ここでは、具体的な数字で、どう有利なのかを見てみましょう。

会社を辞める場合、希望退職は「解雇」扱いになるケースが多く、待機期間は7日間で失業手当がもらえます。けれど、「早期退職」は「自己都合」扱いになるケースが多いので、7日間の待機期間プラス2ヵ月の待機期間が必要になります。

また、自己都合なら、勤めて1年未満の人は失業手当がもらえませんが、会社都合なら、1年未満でも最大3ヵ月（90日）ぶんが支給されます。

さらに、長く勤めていた方ほど支給日数が多くなり、195ページの表のように、

50代なら最大11ヵ月（330日）の支給があります。

加えて、新型コロナの影響で「解雇」される場合には、従来の失業保険に、さらに60日分の給付が上乗せされます。

■失業手当よりも再就職を優先しなさい！

失業して、雇用保険をもらっている間に再就職先が決まっても、まだ失業手当の給付期間が残っていると、もう少しじっくり探してみようと思うかもしれません。

ただ、それはちょっと危険かもしれません。

なぜなら、今のように就職先がなかなか見つからない状況では、同じような条件の就職先が再び出てくるとは限らないからです。

ですから、再就職を優先すべきです。その代わり、失業手当の支給残日数が3分の1以上あって、1年以上雇用されることが見込まれ、一定の条件を満たしている人には、「再就職手当」が出ます。

再就職手当は、失業保険の6～7割ですが、給料とダブルでもらえるので、失業保険をもらうよりもこちらのほうがおトクかもしれません。

新型コロナが蔓延する中で、業績不振になる会社も増えています。

中には、社員に給料も払わずに、社長が失踪してしまったというようなケースも出てきています。

そうなると、残された社員は、家族ともども路頭に迷うということになりかねません。

そうならないために、賃金が払われないような場合には、労働基準監督署に相談すれば、**「労働者健康安全機構」の未払い賃金の最大8割までを払ってくれる「立替払制度」が使えます。**一定条件を満たす人であれば、パートでも退職の半年前から未払いになっている給料と退職金の8割が受け取れますから覚えておきましょう（ボーナスは含まれません）。

失業保険の給付日数

区分 ＼ 被保険者であった期間	1年未満	1年以上5年未満	5年以上10年未満	10年以上20年未満	20年以上
会社都合で退職					
〜30歳未満	90日	90日	120日	180日	—
30歳〜35歳未満	90日	120日	180日	210日	240日
35歳〜45歳未満	90日	150日	180日	240日	270日
45歳〜60歳未満	90日	180日	240日	270日	330日
60歳〜64歳未満	90日	150日	180日	210日	240日
自己都合で退職					
全年齢	—	90日	90日	120日	150日

戦略45

必要になる「副業」。でも、「詐欺」にご用心！

副業については、「引きこもり」の子供に「クラウドソーシング」はどうかということを147ページで書きましたが、子育ての合間に稼ぎたいという主婦の方や、残業がなくなったのでそのぶん稼ぎたいというサラリーマンの方にもオススメの副業です。

「クラウドソーシング」は、これまで社内で行なっていた業務をコストの安いオンラインマーケットで発注できるということで、企業にも人気。

大手の「**クラウドワークス**（https://crowdworks.jp）」や「**ランサーズ**（https://www.lancers.jp）」だけでなく、最近は〝主婦が働く〟ことに特化した主婦向けサイト「**ママワークス**（https://mamaworks.jp）」も人気です。

また、ちょっとした得意分野がある人なら、スマホから気軽にそれを仕事につなげられる「ココナラ（https://coconala.com）」、体験談や商品の説明文などをパソコンだけでなくスマホからもライティングできる「REPO（https://www.repo.ne.jp）」など、さまざまなサイトが立ち上がっています。

■国が副業を勧める本当の理由

アメリカでは、半分の人が副業をしていて、平均週12時間働き、月平均１１２２ドル（日本円で約13万円）の収入を得ているというレポートがありますが、このうち73パーセントは月５００ドル未満（6万円弱）。

日本では、２０１８年１月から、国の「モデル就業規則」から副業禁止が削除され、多くの会社で副業が容認されるようになっています。**給料が増えないなかで、働く人が減っているので、国策として副業を勧めているということです。**

副業と似た言葉に「複業」がありますが、複業の場合には副業のように「本業」があってサイドで稼ぐのではありません。メインもサイドもなく、仕事をいくつか掛け持ちするということ。どれかでそこそこ稼ぐので、収入に安定感があります。

■横行する「副業詐欺」への対策

副業が盛んになるなかで、「副業詐欺」もたくさん出てきています。

とくに、LINEやTwitter、Instagramなど、SNSを使った副業詐欺が横行しています。

最初に登録料などを取るものは怪しい。現金と交換できるポイントがもらえるというものも、ポイントがいつまでも換金できないケースが。「スマホでクリックするだけで数万円」などという甘い言葉で誘うものには要注意です。

メールやYouTubeなどで「月商1億円の稼ぎ方を教えます」などという言葉に乗せられて、やたらにメルマガに登録するのも厳禁。「すぐに元が取れる」などという甘い文句で、5万円も10万円もする高額セミナーを売りつけられたりします。

商品を安く買って高く売る「せどり」で、「大儲けできる」「1ヵ月もしないうちに元が取れ、全額返金保証がある」などという「せどり詐欺」も横行しています。

もし、商品を購入してしまっても、一定期間内なら契約を解除し、料金を取り戻すことができる「クーリングオフ」が使えます。

対象は、「訪問販売」「電話勧誘販売」、他の人を販売員にすると自分に手数料が入る「連鎖販売取引」、内職商法と言われる「業務提供誘引販売取引」、エステや語学などの「特定継続的役務提供」、「訪問購入」の6つの取引。それぞれ、8日間、もしくは20日間の間に書面で申し込めば無条件で解約できます。

もし、疑わしい副業で契約をしたら、できればお金を支払う前に最寄りの消費者センターで大丈夫なのか聞いてみるのがベストです。詐欺なら、「クーリングオフ」の期間が過ぎても、契約が解除できるかもしれません。

消費者センターのホットラインは、局番なしの「188」。「イヤヤ」と覚えておくといいでしょう。警察相談専用電話は、局番なしの#9110です。

戦略46 MONEY STRATEGY

起業するなら、他人のお金で

もう他人に使われるのは嫌だと、「転職」ではなく「起業」する人もいます。起業で成功しようと思ったら、守らなくてはいけないことがあります。

それは、起業する時に、自分のお金を使わないこと。

起業には、それなりの資金が必要となるケースが多いので、今までの貯金を取り崩したり、会社を辞めた時にもらった退職金を使おうとする人が多いです。中には、親からお金を借りたり、妻のへそくりを使わせてもらうという人もいます。

けれど、**起業で成功したいと思ったら、それはやめたほうがいい。**

なぜなら、自分のお金や身内のお金だと、管理が甘くなり、失敗しやすく、引き返せなくなったら大きな禍根《かこん》を残すことになりかねないからです。

大切なのは、起業するなら自分のお金や身内のお金を使うのではなく、金融機関からお金を借りるということです。

■融資の相談なら「日本政策金融公庫」を検討

なぜ、身内のお金ではなく金融機関からお金を借りなくてはいけないかといえば、身内は、内容がよくわからなくても情でお金を貸してくれますが、金融機関は、成功する見込みがない事業には、お金を貸しません。**裏を返せば、金融機関がお金を貸してくれるような事業なら、成功する確率も高いということです。**

ただ、いきなり銀行に「事業計画書」を持って行って融資してほしいと言っても、充分な担保があれば別ですが、十中八九は、断られます。出した事業計画書は、「社内で検討します」と預かってはくれるでしょうが、放置されるのがオチ。

ですから、相談するなら、地域での創業支援の融資を積極的に行なっている政府系の金融機関の「日本政策金融公庫」や地域の信用金庫などに行きましょう。

日本政策金融公庫には「創業支援」のメニューがあり、相談にも対応しています。

ただ、「創業支援メニュー」があるからといって、事業計画書を持っていけばお金を貸してもらえると思ったら大間違い。最初は、99・99%は借りられないと思ったほうがいいでしょう。

そこで、もし「この事業計画では難しい」と言われたら、そこからが大切です。

何がダメでこの事業計画書が通らないのかを、しっかりと聞きましょう。相手は起業のプロですから、どこに問題点があるのかを見抜いているはずです。

それを指摘してもらったら、重点的に改善し、事業計画書を書き直して再び持参しましょう。そこで、さらなる問題点が指摘されたら、また見直して持っていく。

そうやって計画の見直しを何度も繰り返していけば、自分の中でも成功のビジョンが固まるし、事業の欠点も改善されますから、成功率は上がっていくはずです。

■雪だるま式に借金を増やしてしまう人

前述したような作業は、会社を辞める前にやっておきましょう。そして、融資も受けられて計画にも自信が持てるようになったら、それから会社を辞めても遅くない。

起業への意欲がある人は、往々にして本人の思い入れが強く、思いばかりが先走って自己流になりがち。それが、失敗の拡大にもつながります。

しかも、それが自己資金や身内のお金だと、そのまま突っ走り、うまくいかないと何とかしようと熱くなり、新たに借り入れをして雪だるま式に借金が増え、身動きが取れなくなるまで損を拡大させていく可能性があります。

けれど、金融機関から借りたお金なら、担保さえ最小限にしておけば、ダメだったら会社を倒産させればそこで終わります。親類縁者にも迷惑をかけることがありませんから、失敗を糧《かて》に、再度奮起して立ち上がろうとする時に、応援してもらうことだって可能かもしれません。

戦略47

会社を辞める前にこれだけはやっておく

「起業」などで会社を辞めると決めても、実際に辞める前にやっておきたい5つのことがあります。

①収入の1年ぶんの蓄えを用意する
②「有給休暇」をフルに使う
③健康診断で、悪いところがあったら治しておく
④クレジットカードをつくっておく
⑤賃貸物件を借りておく

この5項目をクリアしておかないと、退職後にアセることになりかねません。

① 収入の1年ぶんの蓄えを用意する

会社を辞める前に、子供がいたら年収の1年ぶん、独身者なら年収の半年ぶんの貯金をしておきましょう。

働いていた年数にもよりますが、たとえば45歳以上で20年勤めていた場合、会社都合の退職だと、最大で約11ヵ月ぶんの失業保険が給付されます。**この失業保険と年収1年ぶんがあれば、2年くらいは食いつなぐことができるでしょう。**

それだけの期間があれば、望む仕事を探したり、起業することもできるはず。辞めてもすぐに就職しなくては食っていけない状況だと、やりたくない仕事でもやらなくてはならなくなりますから、それこそ大変なことになるかも。

②「有給休暇」をフルに使う

「有給休暇」は、会社に勤めて半年以上たてば10日もらえ、6年半以上勤めていれば、年間に20日使えます。お給料が出る休暇なので、次の仕事探しなどにフルに使いましょう。**会社が、独自に上乗せしている「法定外休暇」もチェックします。**

ちなみに、給料が出る休みとしては、介護が必要な時に取れる「介護休業」や子育てで取れる「育児休業」などもあります。

③ 健康診断で、悪いところがあったら治しておく

会社を辞める前に、しっかり健康チェックをしておきましょう。

会社の「健康保険」は、会社が保険料を半分負担してくれるぶん「国民健康保険」よりも保険料が安くなるケースが多く、しかも病気が発見されて治療する時に、傷病手当金（185ページ）が使えるなど、国民健康保険よりも手厚い保障が得られます。

会社を辞めても退職の翌日から20日以内に手続きすれば、「任意継続被保険者制度」といって2年間は会社の健康保険と同じ保障が受けられる制度もありますが、ただしこの制度では、保険料の会社負担ぶんがないので、保険料が高くなります。

④クレジットカードをつくっておく

会社を辞めて無職になると、クレジットカードをつくったり、各種ローンを借りるというのが、人によってはできないケースも出てきます。

ふだんクレジットカードを使わない人でも、海外に行く時などは必需品になりますから、できれば年会費無料のものなどを何枚かつくっておくといいでしょう。

⑤賃貸物件を借りておく

会社の社宅に住んでいると、会社を辞めたら出ていかなくてはなりません。

そうでなくても、賃貸物件を借りる時に、無職で無収入だと、収入のある保証人を要求されるケースもあります。

もちろん、UR賃貸住宅（都市機構）なら、礼金なし、仲介手数料なし、更新料なし、保証人なしでも入れます。ただ、物件にもよりますが、少し割高になります。

家を買いたいという人は、会社を辞めると住宅ローンが組みにくいので、辞める前に買っておく。ただし、あとのことも考え、くれぐれも無謀なローンは組まないこと。

戦略48 MONEY STRATEGY

長く働くほどおトクな時代

政府は、高齢者でもできる限り働くように奨励しています。そのため、「なるべく長く働いたほうがトク」というさまざまな制度を整えています。

たとえば、「在職老齢年金」という、60歳以上がお勤めしながら年金をもらう場合のルールが、2022年4月から変わります。

今まで60歳から64歳までの人は、厚生年金に加入しながら働いて給料をもらいながら、いっぽうで年金ももらうと、合計額が28万円を超えたら、超えた部分の年金がカットの対象となっていました。

この上限が、2022年4月から47万円に引き上げられています。

年金は40ページでご紹介したように、60歳から75歳まで、自分が欲しいと思った時からもらい始めることができます。ただし、60歳からもらうなら、本来もらえる給付額から30％少なくなります（2022年4月からの減額率は24％）。

たとえば、60歳からの給料が20万円で、これではやっていけないので年金を「繰上げ受給」して、60歳からもらうとします。仮に60歳から月10万円年金をもらったとすると、これと給料を合わせると、月30万円。今までは、28万円という上限があったので年金が一部カットされました。

けれど、その上限が47万円にまで引き上げられたので、カットなしで給料も年金も両方もらえるということです。

■70歳まで働けば年金も増えていく

65歳を過ぎて会社勤めをする人に対しても、2022年4月から、有利な制度が導入されています。

65歳以降も会社で社員として働く人は、厚生年金を支払うことになります。

仮に65歳から、年金をもらいながら年金の保険料も払うという場合、今までは払った保険料が70歳まで年金保険料に反映されませんでした。つまり、年金保険料が払い損のようなかたちになっていました。

これが、毎年払った保険料がもらう年金額に反映されるようになったのです。

つまり、70歳まで働けば、その間に、もらう年金も増えていくことになり、普通の人なら、給料や年金を気にせずにバリバリ稼いでも安心ということです。

■ダブルワークでも雇用保険に加入しやすくなった

高齢者が働く場合、雇用保険も改善されています。

2022年1月からは65歳以上で兼業や副業によって2ヵ所以上の事業所で働いている人の場合でも、雇用保険に入れるようになりました。

今まで雇用保険は、一つの事業所で週20時間以上、31日以上継続して働き続けなければ加入できませんでした。ただ、高齢者だと、正社員のように一つの事業所でずっと働くことが難しく、A社で週12時間、B社で週10時間働くといった働き方になる場合も多いです。その場合、今までは一つの事業所で20時間を超えなかったので、雇用保険の対象にはなりませんでした。

これが、以下の3つの条件を満たせば、雇用保険に加入できることになりました。

①2つ以上の事業主に雇用される65歳以上の労働者
②1事業主における1週間の所定労働時間が5時間以上20時間未満
③1週間の所定労働時間の合計が20時間以上

雇用保険に入っていれば、仕事がなくなった時に、失業保険がもらえます。65歳以上は、高年齢被保険者なので、高年齢求職者給付金がもらえます。6ヵ月以上雇用保険に加入し、いつでも再就職できる準備ができていて、求職の申し込みを行なっている人なら、要件を満たせば何度でも受け取れます。一時金として支給日数（30日〜50日）で一括してもらうことができます。

戦略49

介護離職をチャンスに変える

介護のために職を辞める「介護離職」は、年間約10万人もいるそうです。一人っ子が多いなかで、親が高齢化していくと、ますます「介護離職」は増えていく可能性があります。

問題は、親の介護をするにしても、自分も働いて食べていかなくてはならないこと。だとすれば、今までの発想を180度方向転換して、介護のスペシャリストを目指すということもアリではないでしょうか。

2021年4月、厚生労働省は幅広い人材が介護分野で働けるように「介護職就職支援金貸付事業」を創設し、介護職の経験がない転職者を支援しています。

都道府県単位で実施していますが、かなりの都道府県がこの制度をスタートさせています。

この制度では、**介護に転職する時に指定の研修を含めた教育訓練を修了するなどの条件を満たすと最大20万円を無利子で借りられ、その後、介護の職場で2年間勤務すると、返済は全額免除になります。**

ちなみに、介護の実務経験がある人が再び復職をすることを目的とした「離職介護人材再就職準備金貸付事業」もあり、復職すると再就職準備金として最大40万円が融資されます。この融資は、2年間介護施設などに勤めれば、返済しなくてもいいことになっています。

■介護のスペシャリストを目指す

本格的に介護の仕事をしていくなら、「介護福祉士」の資格にチャレンジして取得するという方法もあります。

「介護福祉士」は国家資格で、この資格があると資格手当がついて給料がアップする可能性が高いだけでなく、職場のリーダー的な立場で働けるケースも多く、全国どこの職場でも通用します。

取得するには、3年以上の実務経験者が「介護福祉士実務者研修」を受講したうえで受験するか、あるいは、養成校に2年通うことになりますが、早く資格を取得したいなら養成校に2年通うといいでしょう。

養成校に通う場合、心配なのはその間の学費ですが、これは「介護福祉士等修学資金貸付制度」で、入学準備金20万円と受講費用月5万円、卒業時に就職準備金20万円、国家試験受験対策費用4万円を、いずれもその範囲内で融資してもらえます。

2年制の養成校なら、融資額は最高164万円とかなりの額になります。

ただし、卒業後、5年間地域の介護施設で勤めれば、全額返済免除となります。

■介護の現場にもIT化の波が

介護の仕事は大変ですが、施設によっては、機械化やIT化がかなり進みつつあります。

最近は、介護ロボット（マッスルスーツ）を装着してご老人を抱き上げたり、自動洗浄などの入浴機器を導入しているところも増えてきました。また、スマートフォンやタブレットなどの電子機器を導入して、入居しているご老人の行動を管理する施設も増えています。

ですから、**介護の資格だけでなく、これからはIT技術の資格なども重要視されてくるでしょう。**

IT技術の取得も、有利にできます。

会社を辞めたり、フリーで働いていて雇用保険からの失業給付が受けられない人、または、仕事はしていても収入が月8万円以下、世帯年収も月25万円以下などの要件に該当している人は、ハローワークの「職業訓練受給給付金制度」で「月額10万円の給付金」＋「無料の職業訓練」＋「就職サポート」を受けられます。

こうしたところで今後有効になりそうな技術を身につけておけば、どんな職についても、自分の強い武器となっていくことでしょう。

戦略50

もらい忘れの年金は、早めにチェック

働いて稼ぐのもいいですが、もし、もらい忘れの年金や預金、保険を見つけたら、それだけで、収入を増やすことができます。

■企業年金のもらい忘れが150万人もいる

年金といえば、2007年に、政府のずさんな管理で「消えた年金（宙に浮いた年金）」が、約5000万件あるということが発覚し、大騒ぎになりました。

当時の首相だった安倍晋三《あべしんぞう》氏は、「最後のお一人様まで年金をお渡しする」と言いましたが、すでに調査は打ち切られました。そのため、まだ持ち主不明の年金が2000万件近く残っているので、チェックしてみましょう。

行方不明になっているのは、公的年金だけではありません。民間の企業年金でも、持ち主不明になっているものがたくさんあります。

企業年金というのは、企業が独自に公的年金に上乗せしている年金で、10年間支払わなければもらえない公的年金と違って、**働いている会社に企業年金があれば、たとえ1ヵ月加入していたとしても、一生涯もらえる年金です。**

ところが、それを忘れていて、企業年金をもらい忘れている人が、なんと現時点で150万人もいるというのですから驚きます。

なぜ、こんなことが起きているのかといえばさまざまなケースが考えられますが、なかでも多いと思われるのが、結婚して企業を退社してしまったケースです。

企業年金のなかで大きな割合を占める厚生年金基金は、60歳になってはじめて支給されます。ですから、かつて自分が勤めている会社に厚生年金基金があって、自分もそこで働いて加入していたということを覚えていれば請求できますが、忘れていたら請求されず、もらい忘れの年金となってしまいます。

心当たりのある方は、勤めていた企業や企業年金連合会などに問い合わせをしてみましょう。

■没収される前に窓口で相談！

郵政民営化前に郵便局に預けた「定額郵便貯金」などは、請求されないまま20年2ヵ月が経過すると、国に没収されます。

満期がきたら自動継続するような定期郵便貯金については、自動継続した時点が「民営化後」であれば、そこで更新は終わりでそれ以上自動継続していくことなく、「民営化前」の貯金として預かっています。

こうした預金は、2ヵ月前に「権利消滅のご案内（催告書）」が送られてくるので、マイナンバーカードや運転免許証、パスポートなど本人を証明できる書類を持って、「郵便局」の窓口などで払い戻してもらうといいでしょう。

ただ、移転や結婚して名前が変わったために通知が届かないというケースもあるの

で、心当たりがある人は「郵便局」の貯金の窓口で相談すれば、調査して、発見されれば通帳がなくても払い戻してもらえる場合があるので、諦めない！

■小さい保険の見落としも、積もれば山に

貯蓄性のある保険に入っていたけれど、もらい忘れているという人もいます。

たとえば、「郵便局」には、民営化される前に加入していた保険で、「民営化」後に満期を迎えたけれど、引き取り手が申請せずに、払い戻されないままになっている保険が、2019年9月末時点で、なんと約13000億円もあります。

「郵便局」の簡易保険は、大きな保険ではないので、人間関係で頼まれて加入するというケースもあり、**おじいちゃんやおばあちゃんが、孫のために学資保険に入っていて、満期が来る前に他界してしまって、そのまんまというようなケースもあるよう。**

郵便局に限らず、民間の保険会社でも、受け取れるはずの保険金を受け取っていないケースはままあります。

こうしたものをチェックすれば、意外な収入になるかもしれません。

切りとり線

★読者のみなさまにお願い

この本をお読みになって、どんな感想をお持ちでしょうか。祥伝社のホームページから書評をお送りいただけたら、ありがたく存じます。今後の企画の参考にさせていただきます。また、次ページの原稿用紙を切り取り、左記まで郵送していただいても結構です。

お寄せいただいた書評は、ご了解のうえ新聞・雑誌などを通じて紹介させていただくこともあります。採用の場合は、特製図書カードを差しあげます。

なお、ご記入いただいたお名前、ご住所、ご連絡先等は、書評紹介の事前了解、謝礼のお届け以外の目的で利用することはありません。また、それらの情報を6カ月を越えて保管することもありません。

〒101-8701（お手紙は郵便番号だけで届きます）
祥伝社　新書編集部
電話03（3265）2310
祥伝社ブックレビュー　www.shodensha.co.jp/bookreview

★本書の購買動機（媒体名、あるいは○をつけてください）

＿＿＿＿新聞の広告を見て	＿＿＿＿誌の広告を見て	＿＿＿＿の書評を見て	＿＿＿＿の Web を見て	書店で見かけて	知人のすすめで

★100字書評……知らないとヤバい　老後のお金戦略50

名前

住所

年齢

職業

荻原博子　おぎわら・ひろこ

経済ジャーナリスト。1954年長野県生まれ。大学卒業後に経済事務所勤務を経て、1982年にフリーのジャーナリストとして独立。難解な経済とお金の仕組みをわかりやすく解説する家計経済の第一人者として活躍。著書に『年金だけでも暮らせます』(PHP新書)、『払ってはいけない』(新潮新書)、『役所は教えてくれない 定年前後「お金」の裏ワザ』(SB 新書)、『最強の相続』(文春新書)、『一生お金に困らない お金ベスト100』(ダイヤモンド社) など多数。

知《し》らないとヤバい 老後《ろうご》のお金戦略《かねせんりゃく》50

荻原博子《おぎわらひろこ》

2022年 4 月10日　初版第 1 刷発行

発行者……………辻 浩明
発行所……………祥伝社しょうでんしゃ
〒101-8701　東京都千代田区神田神保町3-3
電話　03(3265)2081(販売部)
電話　03(3265)2310(編集部)
電話　03(3265)3622(業務部)
ホームページ　www.shodensha.co.jp

装丁者……………盛川和洋
印刷所……………萩原印刷
製本所……………ナショナル製本

Printed in Japan　ISBN978-4-396-11655-2　C0233

〈祥伝社新書〉
経済を知る

498
総合商社 その「強さ」と、日本企業の「次」を探る
なぜ日本にだけ存在し、生き残ることができたのか。最強のビジネスモデルを解説
専修大学教授 田中隆之

503
仮想通貨で銀行が消える日
送金手数料が不要になる？ 通貨政策が効《き》かない？ 社会の仕組みが激変する！
信州大学教授 真壁昭夫

625
カルトブランディング 顧客を熱狂させる技法
グローバル企業が取り入れる新しいブランディング手法を徹底解説
マーケティングコンサルタント 田中森士

636
世界を変える5つのテクノロジー SDGs、ESGの最前線
２０３０年を生き抜く企業のサステナブル戦略を徹底解説
京都大学大学院特任准教授 山本康正

650
なぜ信用金庫は生き残るのか
激変する金融業界を徹底取材。生き残る企業のヒントがここに！
日刊工業新聞社南東京支局長 鳥羽田継之